I tumors favn

Connie Else Jønsson

I tumors favn

DIGTSAMLING
OG DAGBOG

1. Udgave:
© 2016 Connie Else Jønsson
Illustrationer: Connie Else Jønsson
Forlag: Books on Demand GmbH, København, Danmark
Tryk: Books on Demand GmbH, Norderstedt, Tyskland

ISBN: 978-87-7188-590-3

Indhold

Forord

Denne bog skal hjælpe mig med at afslutte et hårdt år, hvor al min energi og kraft er brugt på at overvinde brystkræft.

"I Tumors favn" favner alle de tanker og følelser, som opstår i mit sind under behandlingsforløbet fra start til slut. Jeg fortæller min historie i digte, illustrationer og uddrag fra min dagbog.

Hver dag og hver nat har drejet sig om den forbandede sygdom. Og nu er det slut. Jeg er helbredt, takket være mange års videnskabelig forskning i at knække brystkræft. Det tomrum som er opstået efter udskrivelsen, har jeg valgt at udfylde med denne bog, så brystkræftramte, pårørende og andre kan få glæde af mine erfaringer.

Kvinde vær beredt! Mærk dig mine ord og mærk godt efter i dit bryst. Reager på enhver lille bitte forandring, du opdager. Brystkræft er lumsk og forklæder sig i mange størrelser og former blandt andet som i mit tilfælde en appelsin. Dén havde jeg ikke set komme. Og hvorfor lige mig? Hvad har jeg gjort forkert?

Læn dig godt tilbage i stolen og lad dig rive med af en kvindes møde med det, hun troede aldrig kunne ramme hende selv. Brystkræft!

Rigtig god fornøjelse!

OPDAGELSE
Diagnosen

*Der er ikke noget at tage fejl af. Mammografi,
røntgenbilleder og vævsprøver viser en stor, hård tumor
i højre bryst, ti centimeter i diameter, centralt placeret.
Jeg skal have otte kemoterapibehandlinger før, der kan
opereres. Tumor skal reduceres inden brystet fjernes
ellers bliver indgrebet for voldsomt. Moi? Hvad taler
hun om? Det må være en anden?
Min mand ser på mig med tårefyldte øjne. Dén havde
vi virkelig ikke set komme. Ingen kvinder i min familie
har været ramt. Men jeg ved at på landsplan får hver
niende kvinde brystkræft og jeg er åbenbart en af dem.
Hvorfor lige mig? Hvad har jeg gjort forkert? Min
hjerne kæmper med at fordøje den forfærdelige nyhed.
Jeg bliver gal i skrallen, gal på mig selv, fordi jeg ikke
har passet bedre på det liv, som jeg har fået tildelt i
denne verden. Skyldfølelse og angst tynger mig. Angst
for at dø. Men heldigvis er lægevidenskaben dygtig og
overlevelsesprognosen er høj. Langsomt erkender jeg
min situation. Jeg har kræft. Brystkræft.*

DAGEN

hvor livet slår en kolbøtte
spænder ben
viser sit mørke ansigt
dagen
min hånd i din
undersøgelsen
dommen
en kræftsygdom
dagen
dine tårer på min kind
rolig nu, skat
de tager fejl
jeg ved det
dagen
budskabet må ud
ud af kroppen
ud af sjælen
dagen
alkohol
høj musik
tårer
de tager fejl
jeg ved det
ikke mig!
NEJ!
dagen
erkendelsen
jeg tog fejl
POKKERS!
jeg har brystkræft!

CANCER

inden i mig?
i min krop?
et cancermonster?
en tumordjævel?
en kæmpe kræftknude?
NEJ!
jeg knuger hånden
beskyttende om mit bryst
forstenet
fuldstændig paf
kan ikke finde ord
NEJ!
KRÆFT-ÆDE-MIG
NEJ!
finder mig ikke i det
jeg er rasende
splithamrende gal i skrællen
sparker til en bunke sten
GLEM DET!
I får mig ikke uden kamp
snu, uberegnelige,
snotdumme og
utaknemmelige
kræftceller
hvor vover I?

TUMOR

knuger mig
til sit bryst
holder mig fast
slip mig!
please – jeg ber' dig!
forsvarsløs
spræller jeg
i tumors favn
hvorfor mig?
spørgsmålet
flænser min sjæl
hvorfor mig?
hvorfor?
slip mig!
prøver at flygte
løsriver mig
brutalt!
vil væk
er væk
langt væk
slip mig!
lange fangarme
fanger mig ind
bryst mod bryst
vugger jeg
i tumors favn
hører én hviske
mit navn
MIT NAVN?
og så skriger jeg.

EN BUKET

fra familie
fra venner
fra alle
en buket
kraftfulde smukke ord
leveret til mig
på mobilen
på mailen
på postkortet
face-to-face
en buket
fyldt med god energi
positive tanker
stor lægende kraft
kraft til at tale om kræft
kraft til at høre om kræft
igen
igen
og igen
mit hjerte springer ud
tar' på sight-seeing i mit indre
ser dybt i min sjæl
intet er for privat
intet for helligt
en buket
plukket til dig og mig, min elskede.

HÅR

fokus på spejlet
mine hænders kærtegn
leg med en hårtot
en knude i nakken
tid til kronragning
grænseoverskridende
mit image stritter imod
NEJ!
tager en dyb indånding
klar
frisøren starter maskinen
parat
lyden skurrer i mine ører
start
forfærdelig lyd
hjertet skriger
spejlet tager voldsomme dimensioner
STOP!
døde hårtotter på mine skuldre
for sent
først den ene side
så den anden
isse
kranie
skallepande
aldrig har nøgen været så nøgent
en ensom tåre farer vild på min kind
SEJT!

SKYLDIG

eller ikke skyldig
tanker og følelser
sønderriver min sjæl
hvad er gået galt?
lumske cancerceller
ligger på skjul i min krop
klar til at angribe
sund livsstil
sunde gener
sunde celler
sunde energier
hvordan skete det?
følelsen af skyld
forfølger mig
dag og nat
hvornår skete det?
intet svar
dommen er afsagt
jeg modtager den
med et tårefyldt blik
dirrende læber og
oprejst pande
hvorfor mig?
takker skæbnen!
trods alt ikke en dødsdom
over 80 procent overlever
deres brystkræft
og jeg vil være èn af dem
BASTA!

BLUES

rytmen forfører min sjæl
kærtegner mit hjerte
favner mit indre
blues
livets melodi
min melodi
cocktails af ord
mine ord
min sang
blues
en sang om kraft
til at overleve kræft
kraft til at
leve med kræft
blues
balsam for sjælen
mine celler nynner med
vugger i takt
blues
tumor krymper sig
skruer ned for volumen
blues
jeg skruer stædigt op
op
op
op
her lugter brændt?
POKKERS!
– endnu en gang lykkes det mig
at tage livet af et par Dali højtalere.

BARM

tumor lever i mit bryst
en hel håndfuld
gør mig frustreret
ønsker den væk
væk
ud af min krop
væk
prøver et kvælertag
ingen virkning
hård som stål
som silikone
et implantat
skål A
væk
ud af min krop
væk
HÆNGEPATTEN!
den raske
blød som smør
smidig og lækker
skål E
ingen tvivl
min barm hælder
overdrevent til venstre
endelig
mit livs chance
en re-designet barm!
dedikeret til dig, min elskede
gajoler eller meloner, skat?

CHIP

overvågning
registrering
kontrol
en chip
i mit bryst
en højteknologisk fangevogter
på vagt
nat og dag
kontrol
hvert eneste øjeblik
vogtes min fange
min tumor
kendt af Verden
fulgt af Verden
kontrol
kan ikke stikke af
kan ikke gemme sig
kontrol
alle spor kan spores
tilbage til mig
væk fra mig
kontrol
jeg er blevet chippet
indlagt GPS
trådløs kobling
TYPISK!
– på hjemvejen farer jeg vild
i en rundkørsel.

SKALLEPANDE

den første nat
usikker
genert
dynen godt op om ørerne
kys
hans hånd i min
kys
daggamle hårstubbe kilder hans læber
daggamle skægstubbe kradser min hud
sov godt min ven
lytter til hans rolige søvn
min elskede skat
øjeblikkets ømhed lammer mig
skræk
rædsel
morgenstundens skarpe lys
skallepande
i min side af sengen
CHOCK!
væmmelse
han forlader mig
jeg mærker det
endnu mørkt
jobbet kalder
et lille smæk med hoveddøren
SKALLEPANDE!
havde ikke set den komme
havde ikke fantasi
ønsker mig så inderligt en nathue
økologisk bomuld. HELST!

KEMOTERAPI – DEL 1
Indgiftning med Epirubicin og Cyclofosfamid (EC)

Det er sygeplejerskens ansvar, at alt går rigtigt til. Så hun sidder og overvåger behandlingen indtil sidste dråbe. Går noget galt kan det gå grueligt galt. Selve væsken kan ved berøring af hud ødelægge hudvævet og lave væskende sår, der ikke vil læges. Væsken gives direkte i en blodåre via et drop i løbet af en time. Behandlingen skal gentages hver tredje uge, i alt fire gange. Min læge siger, at jeg ikke skal gå i panik, hvis jeg ikke kan mærke en forandring af knuden. Det sker først sidst i behandlingen og så går det stærkt. Celler som deler sig er følsomme for kemoterapi. Men også kroppens raske celler kan påvirkes. Især celler i hårsække, tarm, slimhinder og knoglemarv. I det første døgn efter behandlingen kan der forekomme almen utilpashed, kvalme, opkastning, diarre og irritation af slimhinder i øjne og mund. Samt træthed. Spændende stof at fylde sin krop med?

T-CELLER

angrebet sætter ind
mine små soldater
hvor er I?
KOM FREM!
lad mig ikke stå alene
en kamp skal kæmpes
NU!
angstens sved
finder vej til mine øjne
KOM NU!
SVIGT MIG IKKE!
mine små T-celle soldater
stilhed
intet at se
intet at føle
KYLLINGER!
SKIDRIKKER!
små, usle, uduelige nasserøve
har passet jer hele mit liv
hjælp mig nu?
glemte måske nok
at fodre jer med D-vitaminer
UNDSKYLD!

KEMOTERAPI

indgiftningens time
dryp
dryp
dryp
rød væske i gummislange
direkte i blå svulmende årer
dryp
dryp
dryp
min krop skriger af rædsel
stritter imod
rød
blå
AFSTED! FLYGT! VÆK HERFRA!
ikke nu, men NU!
magtesløs
bundet til videnskaben
af et drop og en slange
hunderæd
fortvivlet
rystende nervøs
TØSEDRENG!
mand dig op, kvinde!
det er nu slaget skal vindes
COME ON KEMO!

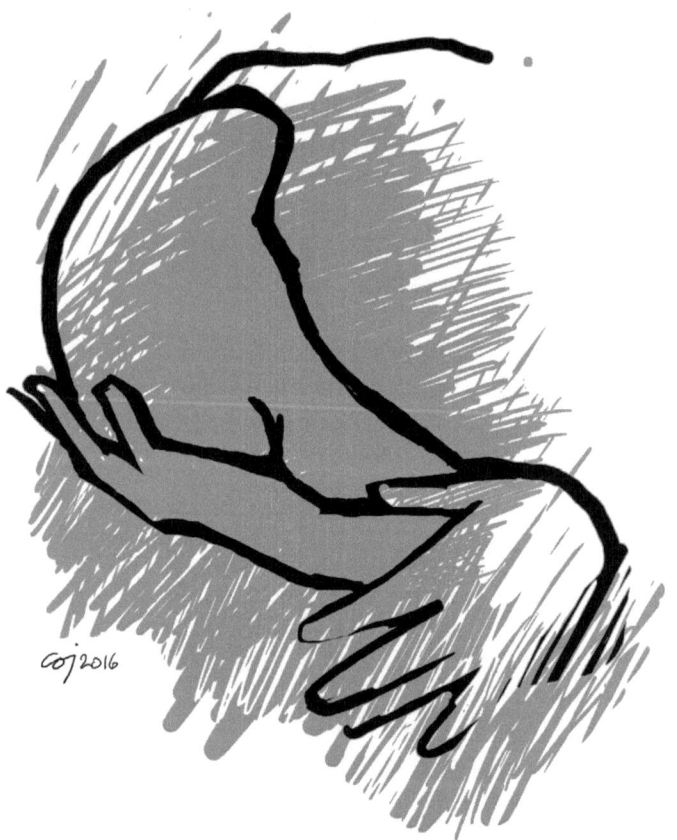

coj 2016

TRÆT

energi under bundlinjen
træt
stirrer initiativløst på livet
træt
kæmper mig i bad
træt
kæmper mig i tøjet
træt
kæmper med at løfte tekoppen
træt
så meget liv
træt
kæmper mig på benene
træt
ud i livet
træt
slæber fødderne afsted
træt
stranden
havet
mister fodfæste
sten synger deres arie
viser mig deres ansigt
så meget liv
så meget skønhed
regel nummer 1:
kun tre sten med hjem
fra stranden
ad gangen.

KEMONNAISE

kolde fingre
kolde tæer
kold fisse
kold isse
langsom nedfrysning
kold næse
sådan er kemo
en kold skid
sig noget så mit hjerte smelter
PLEASE!
SKYND DIG!
isbjerget omslutter mig
kulde
kulde
kulde
mine tænder klaprer
min krop sitrer
iskolde smerter ned af min ryg
jeg stivner langsomt
ikke et hår rejser sig
falsk ståpels
– et stykke uden kemonnaise
TAK!

KEMOHJERNE

skal netop til at sige det
tungen slår krøller
siger noget andet!
hvor var vi lige før?
ukoncentreret
sorte pletter danser vals for mine øjne
skal i byen og handle smør
kommer hjem med vaskepulver
prøver at huske
glemmer det
prøver at glemme
husker det
fuck dig hjerne
du er mig utro!

MAVE

bedste ven
nægter at samarbejde
får røvhullet til at tage parti
slår knude på tarmene
LORT!
mavesure kemomave!
ildelugtende røde gasser
LORT!
4 dage uden levering
4 gange forstoppelse
jeg nægter at indtage mere føde
LORT!
afføringsmiddel går strækmarch
ringmuskel snører sig sammen
spiller død
LORT!
det bliver en lang sej kamp
i lort til halsen
tarme vrider sig i smerte og fortvivlelse
jeg brækker mig
aldrig har jeg følt mig så lille bitte
ynkelig
hjælpeløs
i røvhullets magt
8 timer i sædet!
krampe og røde aftryk på ballerne
– en lille uskyldig prut
trutter sin sejrshymne og
sniger sig ud i det fri.

KYSE

nuttet til en baby
nyttig for mig
blomstret
mønstret
neutral
alle nuancer
forfængelighed
sætter min kyse som jeg vil
stivner
mærker stemplet i min pande
nul vipper
nul bryn
kemo taler sit sprog
KRÆFTSYG!
CANCERBEFÆNGT!
for fanden da
kysen?
hatten?
parykken?
ligegyldig forfængelighed
hvad vil jeg skjule?
hovedformen er jo smuk
solbrun på toppen
ørerne pæne
øjne som en drama-queen
læber som et modent kirsebær
tid til den daglige make-over
alle tricks og midler i brug
ingen KZ-fange-look hér
lidt feminin har man vel lov at være?

SLIMHINDER

saharas sand fylder min mund
arhhh
ingen mundvand i dagevis
arhhh
ugevis
arhhh
tungen
en-lang-ud-af-halsen-oplevelse
sandpapir – den grove
arhhh
slimhinder vrider sig i sandet
finder en vandåre
arhhh
regnen siler ned
vand i litervis
fatamorgana
VAND!
indtørrede halvdøde bussemænd
kravler rundt på min kind
arhhh
VAND!
kyler det grådigt i min hals
hurtigt
uden at smage
min drøbel bryder ud i sang
tungen slår smut på mine læber
danser regndans i min drypstenshule
– tilbage i sandet finder jeg
skellettet af en gammel
indtørret sveske.

BRYN

fede sorte buede streger
udvisket til
grå stiplede linjer
små udtværede prikker
Prik. Prik. Prik.
frem med kohlblyanten
nye bryn
ÅH NEJ!
usikker kolbøttestreg
slinger i valsen
alt for sort
SJUSKEHOVED!
børsten
på mine vipper
kæmper for at ramme
et skrøbeligt hår
mislykket
mascara massakre
jeg sænker blikket
ydmyg
mangler
karakter
karisma
identitet
"FRØKEN NOBODY"
mit udtryk
blegnet i en
stivnet grimasse
– to sorte skovsnegle kravler videre
og efterlader et slimet aftryk.

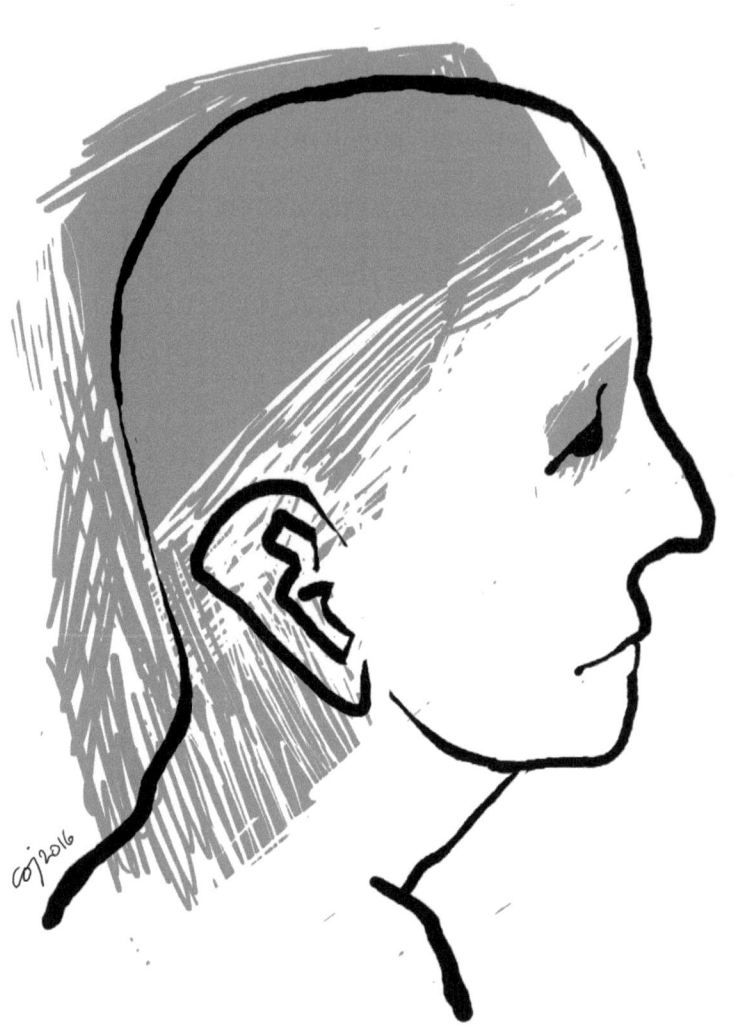

SIND

mørket toner frem
i mit indre
overmander lyse højdepunkter
hasardspil på højeste plan
suk
modløs kikker jeg ned
i det sorte hul
under mine fødder
suk
kampgejsten holder pause
sat på stand-by
suk
SORT-SIND!
tiden går
farveløse tårer
pletter min bluse
suk
de siger, at det sker
at det er naturligt
suk
hamsternosse østrogen
fucking irriterende
kemo-sind!
en lattermuskel løsner sit tag
jeg får grineflip
farverige tårer
pletter min bluse
UPS!
den er helt ny. Kan de mon
fjernes med Vanish?

HUD

lapper grådigt solen i sig
ALARM!
immunforsvar i højeste beredskab
halvdøde hudceller
på gulvet
efter badet
skriger på bodylotion
og kolde drinks
GLEM DET!
skønhedspletter
uden skønhed
små sorte misforståelser
hvor kommer de fra?
var der ikke i går
solstrålens glatte tunge
snor sig om livet
vinker til
bekymringer
svøbt i hudfolder på
pandens smukke relief
25 grader
ingen knopper der klør
ingen soleksem
for første gang i 28 år!
HURRA!
huden slubrer energisk
al næring i sig
forsluger sig i D-vitaminer
BØVS!
ENDELIG EN PLADS I SOLEN!

VILJE

til at ville
til at være
til at udrette ting
ligesom før
jeg kan
jeg vil
jeg gør
ligesom før
den er der
viljen
lysten
stædigheden
ligesom før
min krop
min hjerne
uden synergi
hver sit liv
hver sin vej
SUK!
prøver virkelig
at samle holdet
UMULIGT!
– farer vild i kemotågen
ved hul nummer atten.

KEMOTERAPI – DEL 2
Indgiftning med Docetaxel

Jeg har næsten ikke fået sovet. Har rendt rundt på væggene hele natten. Masser af energi, fordi jeg har indtaget nogle piller, der skal være med til at forebygge bivirkninger og reducere det smertehelvede, som kommer efter fire-fem dage. Men jeg er kampklar til første kemoterapi udvundet af takstræets gift. Så jeg får monteret drop. Oplyser navn og personnummer. Får kølesokker på hænder og fødder. Indgiftningen kan begynde. Væsken siver langsomt. Der måles konstant blodtryk og sygeplejersken bliver siddende de første 50 minutter og overvåger min krops reaktioner. Så bliver der skruet op for tempoet. Jeg får skiftet køleposer og anden gang med is er meget smertefuld. Håber virkelig at det hjælper, så neglene ikke falder af. Indgiftningen afsluttes med en sprøjte i maven, antioxidanter, til gavn for mit immunforsvar.

YR

livets træ
takstræet
forbudte røde hun-frugter
leger skjul i træets top
BULLSHIT!
slimet, vammelsødt kød
breder sig vulgært om
en giftig grøn kerne
BULLSHIT!
døde heste
fristet af træets nåleblade
BULLSHIT!
jeg spænder buen
tar' sigte
slipper
sender giftpilen afsted
en voldsom kraft
ryster træet
PLETSKUD!
døde frugter
ramler til jorden
MAST!
giftgrønne nister i
en rød klistret masse
minder om marmelade
kalder den Docetaxel
udvundet af træets gift Taxin
i morgen skal jeg smage den
VELBEKOMME!

DOCETAXEL

får en smagsprøve
direkte i blodet
er ellers ikke kræsen
blodtryk perfekt
det smager ad Helvede til
dryppene reguleres maskinelt
dryp.....dryp.....dryp
dryp.dryp.dryp
jeg kan ikke li det
holder vejret
alt kan ske
tungen vokser i munden
FØJ!
ingen panik
ingen allergisk reaktion
SUPER!
hjertet slår trofast
jeg trækker vejret
sender håb til
hænder og fødder
indpakket i
minus 21 grader
AV!
en indsprøjtning
i mavedellen
indgiftningen er slut
ALT GODT!
– skynder mig at snuppe en
"Frisk" pastil til at fjerne
den grimme eftersmag.

GIFTEN

arbejder
i min krop
banker syv-tommer søm
i mine knæskaller
i mine lår
ryg
skuldre
STØN!
ligger naglet
til dobbeltsengen
STØN!
æggestok i brand
underliv lammet af
lændesmerter
STØN!
et lille uskyldigt fold på lagenet
skærer sig ind i min hud
STØN!
hovedpuden sparker hensynsløst
til mit kranie
STØN!
min krop
forvandlet til
et torturkammer
bødlen klædt i sort
GISP!
alt sammen helt almindeligt
TAG DET ROLIGT!
– lad ham få fred til at arbejde.

ØRE

lammet af tonen
hyletonen
generende
tinnitus-agtig
helt normalt siger de
NEJ – NEJ!
overdøver fuglenes kvidderen
solsortens sang
uden for mit vindue
den smukkeste
elskovssang
i Verden
syng min skat
jeg ligger her
vingeskudt
med en krop
der nægter at adlyde
kan du høre tonen?
syng min skat
overspil lyden
af mit hulkende øre.

MYG

sværmer om mig
en lækkerbisken
frisk fra menuen
kemo-blod
summm
forsvind
summm
AV!
den fik mig
DEN SATAN!
lang spids snabel
borer sig dybt ind
i min hud
AVVV!
MØGDYR!
suger ihærdigt
fra min arm
PLEASE!
ikke den arm
AVVV!
overbelastede blodårer
AVVV!
flyt dig dit uhyre
skal du dø?
for sent
den indgiftede myg
ligger død på bordet
– kunne ikke tåle mosten
STAKKEL!
endelig pay-back-time!

LUGT

af kemoterapi
indtager min krop
mit soveværelse
mit hjem
kilder i min næse
bdrrr
speciel aroma
speciel duft
bdrrr
min elskede
finder mig i blinde
blandt 100 andre kvinder
bdrrr
ESTEE LAUDER!
GO HOME!
ingen duft kan hamle op med
kemolugten
bdrrr
smagsløg får
øjne til at løbe i vand
og lugtesans får
næsen til at dryppe
bdrrr
– bryder mig ikke om
duften i bageriet.

FESTIVAL

musik
sang
dans
glæde
væk fra hverdagen
væk fra mig selv
fra tumor i mit bryst
FUCK DIG!
i aften holder jeg fri
glæde
kærlighed
omsorg
vælter ind over mig
fra mennesker jeg knap nok kender
en omfavnelse
en fremmed kvinde
med kemoens spor i sit hår
mit hjerte brister
kan næsten ikke rumme det
al den opmærksomhed
SURREALISTISK!
jeg er "noget"
jeg er "noget"
jeg er "noget"
– JEG HAR BRYSTKRÆFT!

SMAGSLØG

tester en bid af livet
skuffende
smager hverken af fugl eller fisk
en bid mere
godt med salt og peber
en bid mere
forventningens glæde
smager af absolut ingenting
en bid mere
smagsløst
ingen dybde
ingen fylde
en bid mere
dyppet i kemoterapi
en bid mere
livet mister en dimension
mesterkokken en fan
en bid mere
min næse drypper
HJÆLP MIG UMAMI!
smagsforstærkerens konge
en bid mere
DET ER IKKE SJOVT!
løft din tryllestav
en bid mere
PLEASE!
– giv mig smagen af livet tilbage.

FOTO

til familiealbummet
direkte fra Radiologisk
tumor i centrum
ligner allermest
et hav i oprør!
et hav i oprør?
hvordan udrydder man et hav?
et helt hav?
jeg er bange
bekymret
er mine dage talte?
hænger der alligevel en dødsdom
over mit hoved?
et hav
jeg elsker havet
men bryder mig ikke om
det billede jeg ser
bryder mig ikke om
vibrationerne i værelset
FUCKING CANCER!
så lumsk
så lunefuld
absolut ikke fotogen
skynder mig at slette
billedet fra harddisken
KEEP ON FIGHTING!
KEEP ON FIGHTING!
– selvfølgelig kan jeg udrydde et hav
en dråbe ad gangen
hvis det er dét, der skal til!

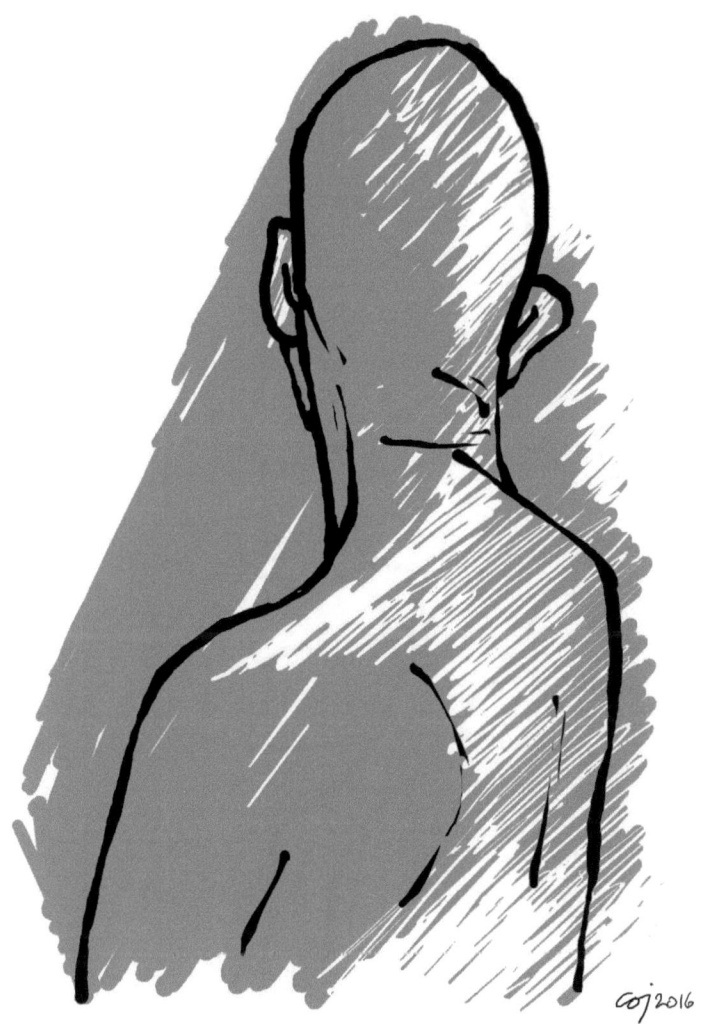

KNUDEN

din diffuse
østrogenfølsomme
vatnisse
kemo
kemo
kemo
du bliver tæppebombet
med det lort
og jeg ved det virker
OVERGIV DIG!
NU!
slip så de raske cellevægge
FORSVIND!
indse at jeg er den stærkeste
at jeg knækker dig
DIN VAT-UGLE!
dine dage er talte
du bliver så lille bitte
at du ønsker
du aldrig var født
HA!
jeg kvæler dig
kemo kvæler dig
kemo
kemo
kemo
operationen nærmer sig
så er du borte
for altid, ikk?

OP

og ned
vugger jeg i kemoterapiens
meterhøje bølger
mister grebet om styrpinden
op
og ned
kemo styrer for vildt
op
og ned
i dag er jeg oppe
i morgen nede
op
og ned
jeg klamrer mig
til rælingen
vil ikke overbord
ikke ned i havets sorte dyb
op
og ned
går planken ud
op
og ned
idet havet omslutter
mit korpus
fanges mit blik af
redningsvestens
orange skær
YES!
– min yndlingsfarve.

COCKTAILPØLSETÆER

for enden af klumpfødder
kender dem ikke
hvor kommer de fra?
mine sko nægter at favne dem
jeg skruer bissen på
ADLYD!
vi skal ud at gå!
vi går
det går
men går alligevel ikke
kroppen skvulper over
vandet flyder
sprøjter ud af øjne
næse
og nu i benene
vralter som en ko
usikker
ude af balance
vejer mindst et ton
tager bussen hjem
hjem til Gyldenris-teen
et vandrivende mirakel
det virker
det går
til sidst
– en ordentlig tissetår.

BRYST

du var der
for mit barn
min seksualitet
og min kvindelighed
en del af mig
min stolthed
smuk som en rose
nu
rynket
vissent
forfaldent
i tumor og kemoterapiens magt
sørgeligt
tragisk
meningsløst
overgivelsens tårer blinder mig
vær stærk, min pige
hjertet bløder
tid til afsked
FARVEL, MIT BRYST!
min sexappeal
– heldigvis har jeg en god røv!

OPERATION

Fjernelse af højre bryst og lymfeknuder i højre armhule

*Det er et fantastisk smukt efterårsvejr. Min elskede
og jeg går en dejlig tur hånd i hånd ned til mit
yndlingsudsigtspunkt. Vi har kaffe med, som vi sidder
og nyder. Om aftenen kommer vores søn forbi og ønsker
mig god operation. Da han er gået, laver vi en lille
smuk afskedsceremoni for mit syge bryst.*

ANGST

for operationen
for at se min nye krop
for at berøre
mit manglende bryst
for at mærke
ubalancen
asymmetrien
bange
utryg
ulykkelig
MEN LETTET
en kamp for livet
et overstået kapitel
hold ud
så tæt på en
Happy Ending.

AFSKED

med mit bryst
den smukkeste rose
FARVEL!
i morgen er det forbi
du går tumordøden
jeg overlever
i morgen er det forbi
TRÆK VEJRET!
rolig nu
et bryst skal ofres
i morgen er det forbi
et halvt års forberedelse
et halvt års kamp i
kemohelvedes forgård
i morgen er det forbi
jeg er bange
nervøs
utryg
i morgen er det forbi
tør jeg se mig selv i spejlet?
et kæmpe ar på tværs?
tør jeg tro på, at jeg vinder?
i morgen er det forbi
farvel min rose
VELKOMMEN NYE KROP!

GLÆDESTÅRE

på min kind
jeg smiler
ligger mussestille
om lidt er det forbi
sygeplejersken holder min hånd
narkoselægen forbereder min søvn
kirurgen hvæsser sin kniv
om lidt er det forbi
djævlen i mit bryst skriger sit dødsskrig
om lidt er det forbi
tumor skal slagtes
fjernes
ud af min krop
overlades til patologen
om lidt er det forbi
SLUT!
OVERSTÅET!
jeg vinder
vi vinder
en lykkefølelse
gennemstrømmer min krop
varmer min sjæl
sammen har vi knækket
brystcanceren
jeg er glad og stolt
nynner ubevidst en lille melodi
kærtegner forsigtigt det sted,
hvor mit bryst sad i morges.

MIN NYE KROP

så asymmetrisk
ukorrekt
ufærdig
anderledes
en hurtig skitse
en krussedulle på hvidt papir
en streg i mørket
anderledes
inderst som yderst
men alligevel den samme
og dog ikke
intet er som før
intet bliver som før
en krop i forandring
en sjæl i forvandling
et liv i behold
anderledes
men godt
– hvor har jeg dog lagt den
pokkers brystprotese?

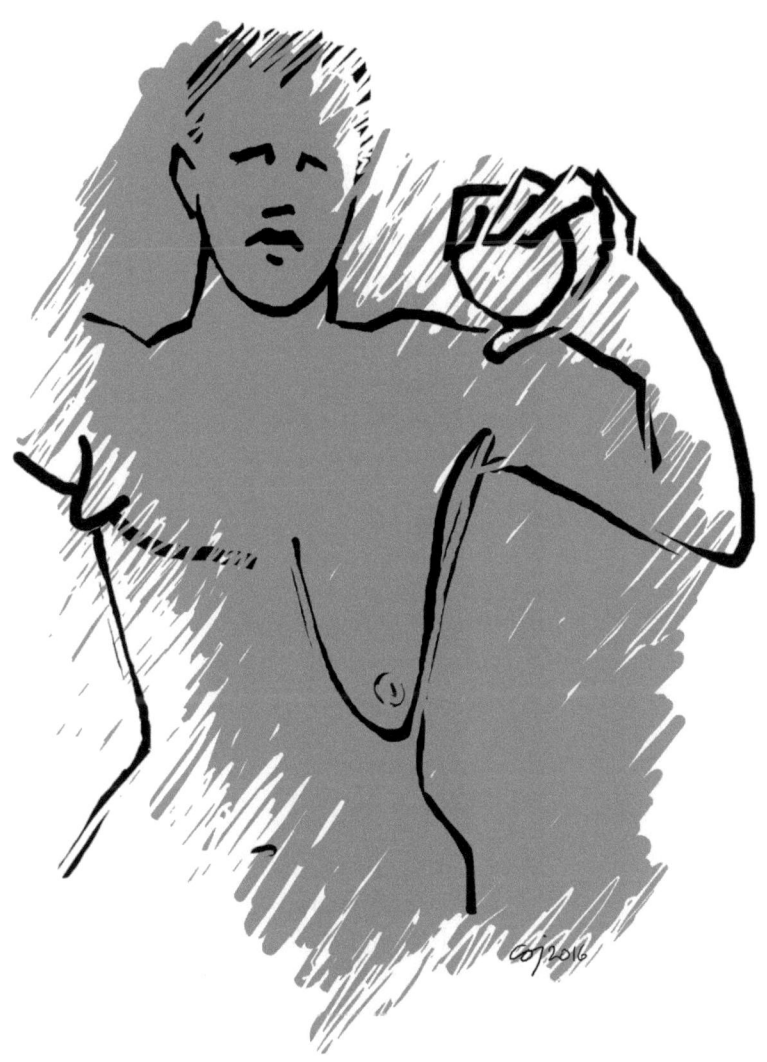

SNE

årets første
hvide pulver
wow
mit spor
mit aftryk
min signatur på
det hvide lærred
wow
så rent
så uskyldigt
wow
et snefnug på tungen
sne på min nøgne isse
hvidt i hvidt
wow
havet hvæser
stormen kysser min kind
fører mig med i sin dans
rundt og rundt
i en hvirvel
slut
nejer dybt
takker for dansen
slut
betragter mit værk
på det hvide lærred
om lidt er det væk
– for altid.

HVEM

er hun mon
kvinden i spejlet?
elsker hendes nøgne
ærlige ansigt
der gir mig sit
Mona Lisa smil
gådefuldt
drilsk
spørgende
hvem
er inde bag det smil?
burde jeg kende hende?

AR

på tværs af brystkassen
i armhulen
broderet med selvopløsende tråd
skjult af et stort plaster
ar
på min krop
ar
på min sjæl
ar
et evigt minde om
smerte
ar
kigger gennem fingre
på mit billede i spejlet
ar
en udfordring
ar
pludselig ser jeg lyset
det hele gir mening
mit livs kunstværk
på min krop
på min brystkasse
så smukt
– jeg kalder værket
"Goodbye Tumor".

FASTLÅST

fanget
i en skruestik
MØG!
sidder fast
i selvmedlidenhed
og negative vibrationer
ØV!
bevægelsesfrihed
lig nul
POKKERS!
kroppen arbejder
hudfolder folder sig ud
arvævsmassage
bevægelsesøvelser
en kamp
om at fungere
IH!
ALTSÅ!
hæver armen til vejrs
bremses halvvejs
AV AV!
– vil så gerne nå en pakke Kleenex
på øverste hylde.

GENOPTRÆNING
Fysioterapi, arvævsmassage, træning

Efter morgenkaffen laver jeg mine øvelser. Det er ikke nemt. Operationsområdet er irriteret. Det presser på, hiver, niver og spænder. Jeg har lyst til at flå syningen op. Give plads til det, der er inde under huden. Men jeg bider tænderne sammen og gennemfører hver eneste øvelse.

STATUS

8 måneder
8 kemoterapier
2 operationer
1 tumor fjernet
16 lymfeknuder ditto
1 bryst amputeret
1 antihormonbehandling
1 sjæl i laser
1 følelsesliv uden kontrol
1 krop ude af balance
men fri
tumorfri
lykken vinker til mig fra sit skjul
jeg smiler taknemmelig tilbage
kærtegner ømt min
8 mm lange hårpragt
2 måneder gammel
en nøgen isse forvandlet
til et blødt ryatæppe
mørk eller lys?
krøller eller glat?
alt kan ske
født på ny
spændt på mit nye liv
– kunne godt undvære
de pokkers skægstubbe!

VÆSKE

fylder hulrummet
i det bryst
der ikke er der
skvulp
kropsvæske
hober sig op
danner et
fatamorganabryst
skvulp
trænger til en tømning
skvulp
nålen ind
250 ml ud
direkte i flasken
skvulp
smerten letter
jeg er lettet
skvulp
hulrummet
i det bryst
der ikke er der
fyldes stille op igen
skvulp
det sidste stik
den sidste flaske
den sidste væske
– mine resterende lymfeknuder
er endelig trådt i karakter.

ENERGI

en by i Rusland
bevægeøvelser
en plet på min
samvittighed
jeg skal
jeg vil
jeg kan
men jeg orker det ikke
en, to, tre
I GANG!
KOM SÅ!
men jeg orker det ikke
træne
træne
træne
skal jeg?
vil jeg?
kan jeg?
ingenting sker
arvævet skriger
armene hænger
huden vrider sig
tæl til ti
jeg vælter en væg
trækker tiden ud
– falder over en øvelse
jeg kan lave med øjnene.

LEJET

min fastlåste stilling
de næste 25 hverdage
kan ikke finde hvile
kan ikke slappe af
jeg ryster af
kulde
afmagt
frustrationer
på vej ind i CT-skanneren
klar til kontrastvæsken
min hjerne skriger
opgiv lortet
overgiv dig
til skæbnen!
men så mærker jeg
dit smil
dine øjne
din styrke
og jeg bliver stærk
slapper af og
holder vejret
gør det
der skal gøres
støbeformen er støbt
mit leje er redt
min stråleterapi
kan begynde.

STRÅLETERAPI
25 behandlinger – 25 hverdage i træk

*Radiografen henter os. Efter den nødvendige
information ser hun på mit operationsområde. Jeg
fornemmer smerten i hendes øjne, mens hun prøver
at strække mine sener, som er blevet alt for korte.
Jeg ryster over hele kroppen, bryder sammen. Jeg
stortuder. Ved jeg ikke kan gennemføre det. Gefion
hedder min CT-skanner. Og skanningen skal
lægerne bruge til at planlægge mit leje for de næste 25
strålebehandlinger, som jeg skal have alle hverdage
i træk. Der er hundekoldt i lokalet. Af med tøjet,
beholder bukserne på. Ned og ligge i den stilling der er
bedst for mig. Jeg skal ligge mussestille. Radiograferne
gør deres job. Afsætter punkter med en pen. Afspejler
venstre bryst på højre brystkasse. Modellerer arret
med en kobbertråd. Ligger drop i venstre arm til at
modtage kontrastvæsken. Til sidst får jeg virtuelle
briller på, som giver et billede af min vejrtrækning.
Sygeplejerskerne forlader rummet. I højtalerne bliver
jeg spurgt om jeg er klar? Det tror jeg.*

VÆRSGO

en dyb indånding
med brystkassen
sender den orange søjle
op i det grønne felt
i min brille
lungerne
trækker sig væk
rygsøjlen
klamrer sig til lejet
kan ikke gøre
noget forkert
kan ikke tænke
noget rigtigt
mit fokus
holder søjlen fast
20 sekunder
TAK!
Gefion danser
sin solodans
rundt om min krop
jeg styrer strålerne
med min vejrtrækning
VÆRSGO!
en dyb indånding
med brystkassen
sender den orange søjle
op i det grønne felt
i min brille
TAK!

GEFION

min Gudinde
byder mig op
til endnu en dans
jeg orker det ikke
lukker demonstrativt
mine øjne
mærker strålemaskinen
bevæge sig rundt om
min krop
stønner
ser fedtperler
glimte i mørket
som tusindvis af
lysende diamanter
her lugter af bacon
brændt hud
25 dage i
stråleterapiens
helvede
25 dage i
Gefions favntag
hun tager min hånd
nedtællingen
er begyndt
snart
er der kun
den allersidste dans
tilbage.

STRÅLERNE

sender mig
ud over kanten
af selvkontrol
nedtrygt
opgivende
udbrændt
tager jeg imod
dine fremstrakte
hænder
taknemmelig for
at du er der
for mig
taknemmelig for
at du er der
med mig
taknemmelig for
at du griber mig
hver gang jeg falder
taknemmelig for
at du giver mig
de dyrebareste
gaver af alle
TRO
HÅB OG
KÆRLIGHED.

PROTESEN

mit nye bryst
finder vej ned i
sports-bh'en
ekspedienten
centrerer
justerer
vurderer
hiver ned fra hylderne
valget er svært
savner min elskede
savner hans råd
hans ekspertise
valget er svært
dyrebare bryster
flyder overalt
forskellige vægtklasser
forskellige former
forskellige formål
standard
klassisk
sporty
valget er svært
mit første silikonebryst
en letvægter på
300 gram
forlader stolt butikken
retter ryggen
parat til at vise Verden
min falske barm.

UDBRÆNDT

forbrændt
og godt ristet
vrider jeg mig i
Gefions favntag
SLIP MIG, DOG!
hun slipper
jeg falder
falder dybt
jeg lander
lander blødt
den gråsorte aske
smyger sig om min krop
jeg rejser mig
rejser mig stolt
jeg klarede det
udbrændt
forbrændt
og godt ristet
dine stærke arme
om mit liv
dine hede kys
på min hals
vi er på vej væk
væk fra de høje
mørke skygger
i horisonten
din hvide hingst
finder vej
jeg elsker dig
prinsen i mit liv.

UDSKRIVELSE
Healing

*Det er næsten et år siden, jeg opdagede knuden i mit
bryst og nu er behandlingen afsluttet. Det som har
styret mit liv er pludselig væk. Jeg mærker et tomrum,
men håber, at jeg hurtigt kan fylde det ud med noget
andet. Måske er det sværere end man tror? Måske
er det derfor, at jeg arbejder med denne bog? Det er
utrolig stærkt at genopleve det hele en gang til. Mine
følelser kommer på overarbejde. Men det vil hjælpe mig
videre i mit liv. Et kapitel skal afsluttes. Et nyt skal
startes.*

SLUT

med Hospital
kalender
mødetider
undersøgelser
behandlinger
operationer
planlægning og
logistik
slut med
måneders
fuldtidsjob
JEG ER UDSKREVET!
helbredt og
arbejdsløs
JEG ER RASK!
eller er jeg?
har ikke fået et
diplom
har ikke fået et
garantibevis
SUK!
der findes ingen garanti
kræftceller har deres eget liv
i mit liv
det må jeg leve med
slut
prut
finale.

TO BEN

bærer min krop
tættere på målet
slæber sig afsted
uden kontakt til
mine fødder
fødder
som har fulgt mig
hele livet
men som nu vælger
at gå deres egen vej
jeg er skuffet
på nippet til at græde
fødder
som har ført mig rundt
i livets dans og aldrig
trådt et eneste skridt forkert
nu er de borte
mine fødder
erstattet af stive led
smertende tæer og
prikkende hud
jeg forstår det ikke
savner dem
mine fødder
– håber ikke at de har
trådt i spinaten?

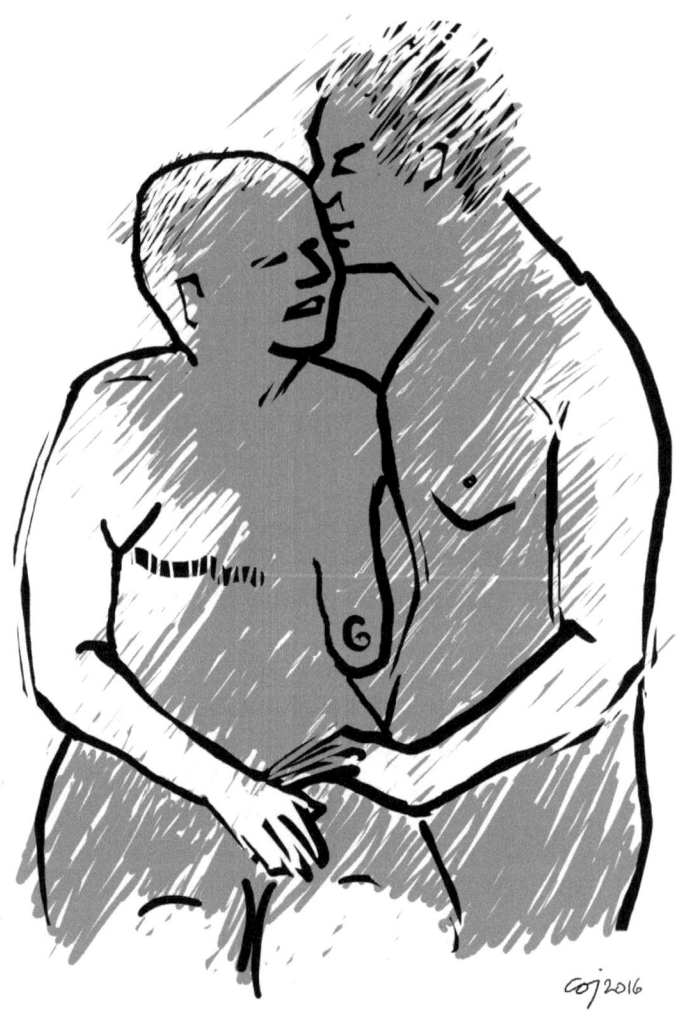

SEX

langtidsparkeret
i afmagtens
yderste afkrog
har ikke energi
til at tænde lunten
har ikke energi
til at slukke bålet
sex
erstattet med
ømhed
nærhed og
flygtige kærtegn
sex
indeklemt
tilbageholdt
begær
gemt i små
vakuumpakker
deponeret i min sjæl
sex
jeg pakker op
forspillet begynder
vores kroppe smelter sammen
du kommer
jeg kommer
tidens frustrationer
lander som en plet på lagnet
det lugter klamt
– sidste salgsdato er
for længst overskredet.

VIDERE

går jeg
med tøvende skridt
kan ikke finde
fodfæste
i min nye krop
kan ikke finde
fodfæste
i mit nye liv
rastløst
bevæger jeg mig
rundt i cirkler
hormonpiller
jonglerer
med mit sind
dikterer
mit humør
op og ned
op og ned
MEN JEG LEVER!
hader
elsker
spiser
SÅDAN!
livet er en stor
mundfuld
må tages i
små bidder
POKKERS!
– fik det pludselig
galt i halsen!

TAK

til endnu en morgen
endnu en dag
glad for at møde hende
kvinden i spejlet
tak
i dag er en god dag
mørke tanker på ferie
bekymringer på fridag
lyset slippes ind
tak
i dag kan jeg slappe af
nyde at jeg er her
udfolde mine vinger
gøre ting
som jeg er bedst til
tak
intet er givet på forhånd
ingen mål
ingen forventninger
tak
alt kører på halvt blus
mit eget tempo
mine betingelser
tak
med uovertruffen forståelse og
Ole-Henriksen-agtig indsigt
går jeg i gang med det, jeg er bedst til:
at nyde livet
tak.

FRISURE

og teknik
sniger sig ind
i mit hår
klip
frisøren tryller
med saksen
klip
det troldeagtige
forsvinder til fordel
for en moden
kvinde
klip
det grå skær
overtages af
leverpostejfarve
klip
make-me-up!
concealer
foundation
poudre
rouge
eye shadow
eyebrow pencil
kohl pencil
lip pencil
lip stick
nail finity
– aldrig har min make-up boks
været så stor som nu!

LILLE SPEJL

på væggen der
hvem er smukkest
i landet her?
"det er du min smukke
brystopererede kvinde
arret
med sine dybe kløfter
armen
med sine brede floder
issen
med sit bølgende tæppe
brynet
med sin punkteret linje
vipperne
med sine forsigtige silkedun"
PAUSE!
kan ikke give dig ret
kender ikke svaret
nægter at se sandheden
i øjnene
nægter at spille
superwoman
nægter at indse
– at jeg står
med ryggen
til spejlet.

FRI

og alligevel fanget
i tomrummet
efter endt behandling
FRI!
og alligevel bundet
til angsten for
tilbagefald
FRI!
og alligevel påvirket
af bekymring for
min nye krop
SLIP!
STOP!
VIDERE!

lad denne bog
sætte punktum for
mine lidelser

lad denne bog
være til glæde
for andre

lad denne bog
starte et nyt kapitel
i mit liv.

UDDRAG FRA DAGBOGEN
Start den 7. april 2015

Alle er rigtig glade for at modtage min dagbog, som jeg har ført fra dag ét. Det betyder meget, at man kan følge med i min kamp mod cancer. Den forfærdelige sygdom, som alle frygter så meget.

Opdagelse
7. april 2015

Jeg føler nogle jag i højre bryst. Men arbejder videre. Under badet mærker jeg, at mit højre bryst er hård som en sten. Det venstre føles helt normalt.

Allerede dér bør alarmklokkerne ringe. Men det gør de ikke. Jeg opfinder op til flere forklaringer på forandringerne i mit bryst. Bagatelliserer problemet. Ordet "cancer" eksisterer ikke i min verden. I morgen er det sikkert væk?

Men det er det ikke og jeg ringer til min læge og får en akuttid samme dag. Hun har aldrig set noget lignende og det har hendes kollega

heller ikke. Lægen trykker på knappen til
Akut-pakken, der sikrer, at jeg inden 2 uger er
undersøgt.

12. april
Vi, min mand og jeg, kører til undersøgelse på
Hamlet. Hjertet hamrer i mit bryst og jeg er
bange for, at det vil hoppe ud af kroppen. Vejen
til Søborg er uendelig. Uvisheden uudholdelig.

Efter mammografi bliver jeg henvist til en
læge, der udfører en skanning af begge bryster.
Dernæst tager han 2 biopsi (vævsprøver) af tre
gange, hvilket foregår under lokalbedøvelse. Jeg
spørger om, der er tale om cancer? Han må ikke
udtale sig, men vi kan læse det i hans øjne.

Min elskede mand knuger min hånd og vi
græder. Vi er i chok. Havde ikke set den komme.

Sygeplejersken prøver at berolige os og vi
frarådes at gå hjem og Google på Nettet.

Vi forlader Hamlet og kører ud til mine forældre
for at blive trøstet. De bliver lige så chokkerede
som os. Ingen havde set den komme.

Vi kommer hjem senere på aftenen. Ser lidt
TV. Jeg åbner en flaske rødvin, drikker mig
stangbacardi, tuder, hører høj musik og lover
mig selv, at det her klarer vi også.

I morgen vil vi informere vores nærmeste. Vi
kan ikke klare denne kamp alene.

19. april

Det er fantastisk med alle de positive tanker
som min kære familie og venner sender mig i
løbet af ugen. Smukke blomster, opmuntrende
ord, lange samtaler i telefonen, dejligt samvær
og forkælelse. Kærlighed, medfølelse og håb.
Jeg er dybt rørt. Og det er også lidt surrealistisk.
Her har jeg gået de sidste par år i min egen lille
verden, optaget af at ombygge og indrette vores
nye bolig i Gilleleje. Har ikke rigtig haft tid til
at dyrke omgangskredsen. Og nu er jeg lige
pludselig centrum for alles opmærksomhed. Jeg
kigger på min dagbogs-mail-liste, som bliver
større og større.

Alle er rigtig glade for at modtage min dagbog,
som jeg har ført fra dag ét. Det betyder meget, at
man kan følge med i min kamp mod cancer. Den
forfærdelige sygdom, som alle frygter så meget.

20. april

Der er ikke noget at tage fejl af. Mammografi,
røntgenbilleder og vævsprøver viser en stor, hård
tumor i højre bryst, ti centimeter i diameter,
centralt placeret.

Og jeg skal have otte kemoterapibehandlinger
før, der kan opereres. Tumor skal reduceres
inden brystet fjernes ellers bliver indgrebet for
voldsomt.

Moi? Hvad taler hun om? Det må være en
anden? Min mand ser på mig med tårefyldte
øjne. Dén havde vi virkelig ikke set komme.

Ingen kvinder i min familie har været ramt. Men jeg ved, at på landsplan, får hver niende kvinde brystkræft og jeg er åbenbart en af dem.

Hvorfor lige mig? Hvad har jeg gjort forkert? Min hjerne kæmper med at fordøje den forfærdelige nyhed. Jeg bliver gal i skrallen, gal på mig selv, fordi jeg ikke har passet bedre på det liv, jeg har fået tildelt i denne verden.

Skyldfølelse og angst tynger mig. Angsten for at dø. Men heldigvis er lægevidenskaben dygtig og overlevelsesprognosen er høj. Langsomt erkender jeg min situation.

Pokkers! Jeg har brystkræft.

Det er desværre en realitet. Og jeg mister mit bryst. Men får lov til at beholde livet. Jeg har heldigvis den mest almindelige form for cancer (lobulær) og prognoserne for helbredelse er gode.

Men det bliver en lang og sej kamp. Som jeg selvfølgelig vinder, fordi jeg har et fantastisk team bag mig og en fantastisk mand ved min side.

21. april
Behandlingsforløbet er i fuld gang. Det er en ordentlig mundfuld.

Kræver den helt store Management-kalender at holde styr på alle indkaldelserne.

Først skal der findes ud af om cancer har bredt sig til lymfeknuderne. Det kræver en mindre operation i armhulen, hvor man fjerner og analyserer skildvagtlymfeknuden (den lymfeknude, der først modtager lymfe (vævsvæske) med affaldsstoffer fra brystet.

Så skal tumor på 10 cm. i diameter have indlagt en »clips« (jeg kalder det en chip). Så kan den måles helt præcist elektronisk. Jeg vil også blive indkaldt til en PET-skanning af hele kroppen for at vide om kræften har bredt sig. I næste uge er jeg i gang med kemoterapien.

22. april
I dag møder jeg til forundersøgelsesoperation for skildvagtlymfeknude. Operationen går godt, dog er det nødvendigt at fjerne to, da der findes cancer i den første knude. Lægen mener ikke, at der var noget i den næste, men begge er sendt til analyse. Og svaret får jeg på mandag. Jeg er meget nervøs for at komme i fuld narkose. Kan ikke rigtig spise dagen forinden, så jeg faster faktisk næsten 24 timer og må da heldigvis drikke vand indtil to timer før mødetid, som er kl 12:00.

Efter opvågning er jeg godt nok sulten. Jeg spiser rub og stub både rodfrugtsuppe, kyllingeboller med kartofler og dejlig salat samt nøddekage, det smagte herligt. Min kære mand smiler af glæde over at se min appetit.

Jeg er faktisk temmelig frisk og vi bliver

udskrevet og er hjemme kl 19:45.

Desværre får jeg en blodansamling i den hånd jeg har haft mit drop. Nå, men det går over og er ikke farligt. Men hånden er godt nok sort!

Det har været en lang dag og vi går nogenlunde tidligt i seng. Bliver ringet op fra PET-afdelingen om, at skanneren er klar til mig i morgen kl 09:00.

23. april
Starter tidligt for ikke at sidde fast i trafikken. Der var så ikke rigtig nogen, så vi kommer alt for tidligt. Jeg har fastet fra kl 03:00, men må godt drikke vand.

Sidder og hører Eva Cassidy i mine høretelefoner indtil tiden nærmer sig. Vi går tværs gennem Herlev Hospital til afdelingen Q3.

Der får jeg først en portion radioaktivt sporstof, som jeg skal ligge og optage i 45 minutter, dernæst bliver jeg lagt i skanneren med armene over hovedet og får en portion røntgenkontraststof ind i kroppen.

Jeg skal ligge mussestille i 20 minutter. Så er det overstået.

Kl 13:00 Møder vi på Hillerød Onkologisk Afdeling og har den første informationssamtale med lægen vedr. kemoterapibehandlingen. Samt et møde med en sygeplejerske vedr. bivirkninger.

Kemoterapien starter på mandag. Hvordan vil min krop mon reagere på indgiftningen?

Jeg har besluttet at opsøge en parykmager i morgen. Jeg lader mig kronrage. Vælger et lækkert hår. Køber nogle smarte hovedbeklædninger.

Jeg er kampklar. Come on kemo!

24. april
Det er grænseoverskridende at tage af sted til parykmageren. Jeg har besluttet at udføre dette projekt alene. Og jeg har besluttet at være et skridt foran. Jeg vil ikke stå med store totter af mit hår i hånden eller se det på håndklædet eller hovedpuden et par dage efter kemoterapien.

Nej! Af med det!

Da frisøren og jeg finder den rigtige paryk, er jeg ikke i tvivl. Troede ellers at jeg skulle have langt lyst hår, nu jeg havde chancen, men det så meget parykagtigt ud. Jeg vælger en skulderlang frisure i en varm mørk brun farve. Den er ikke klippet til endnu, for så kan jeg bytte den, hvis jeg fortryder valget.

Da vi kommer til kronragningen, spørger frisøren om, jeg vil have ryggen til spejlet. Nej tak, og de første baner af hår glider ned på gulvet.

Jeg betragter mit nøgne hoved i spejlet og synes

ikke, at det ser så slemt ud. Jeg ligner vores 27-årige søn.

Efter at have valgt et turbanlignende tørklæde og en smart kasket afleverer jeg rekvisitionen på parykken og betaler selv for hovedbeklædning, shampoo, børste og stativ.

Da jeg viser min mand og søn, min bare isse, gibber det lidt i dem begge og min kære mand har svært ved at holde en tåre tilbage...

Spændt på om jeg fryser om hovedet i nat?

Kemoterapi – del 1
26. april
I morgen skal jeg møde kl 12:00 på Hillerød. Her får jeg min første kemoterapi. En time forinden skal jeg indtage tre piller, som skal hjælpe mig igennem bivirkningerne.

Formålet med kemoterapi er at slå kræftcellerne ihjel. De kemoterapistoffer, som jeg skal have hedder Epirubicin og Cyclofosfamid (EC). Også kaldet den røde kemo, fordi ens urin bliver rød den første dag efter.

Væsken gives direkte i en blodåre via et drop i løbet af en time. Behandlingen skal gentages hver 3. uge, i alt fire gange. Min læge siger, at jeg ikke skal gå i panik over, at jeg ikke kan mærke en forandring af knuden. Det sker først sidst i behandlingen og så går det stærkt.

Celler som deler sig er følsomme for kemoterapi. Men også kroppens raske celler kan påvirkes. Især celler i hårsække, tarm, slimhinder og knoglemarv.

I det første døgn efter behandlingen kan der forekomme almen utilpashed, kvalme, opkastning, diarre og irritation af slimhinder i øjne og mund. Samt træthed.

Der kan også opstå symptomer som hedeture, humørsvingninger og ledsmerter. Dem kender jeg så godt, men har lagt dem bag mig for flere år siden, da jeg var i overgangsalderen.

Heldigvis er der ikke observeret langtidsbivirkninger af denne form for kemoterapi. Jeg kan omgås alle som vanligt, men bliver utrolig følsom overfor infektion og virus af enhver art. Så vi har købt vildt ind af håndsprit.

Vi prøver at tage alle de forholdsregler, vi kan for at komme godt ud på den anden side af tunnellen.

Nu går det løs. Come on kemo!

27. april
Vi møder op på Hillerød Onkologisk Afd. Kl

12:00. Der går en halv time med at vente
på at komme ind til overlægen. Hun skal
fortælle mig resultatet af PET-skanningen og
forundersøgelsesoperationen.

Den halve time er meget, meget lang og vi er
meget nervøse. Endelig falder dommen. PET-
skanningen viser heldigvis ingen tegn på cancer
andre steder i kroppen.

Cancer findes kun i det allerede lokaliserede
område som er højre bryst og armhule. De to
lymfeknuder (skildvagter/sentinel node) som
blev fjernet indeholdt desværre cancer.

Det betyder, at når operationen af brystet
foregår, fjernes så mange lymfeknuder, som kan
findes i 1. niveau. Suk, er rigtig ked af at miste
dem. Så kan jeg risikere at få lymfødem.

En hævet arm resten af livet!

Vi er 6 kvinder i lokalet, der alle sidder med hver
sit drop, hvor forskellige gifte flyder lifligt ind i
vores årer. Vi er mellem 45 og 60 år, vil jeg tro.

Min mand går ned og flytter på P-skiven, en lille
detalje man skal huske...

Jeg snakker med Charlotte, 50 år, som havde en
kræftknude på 9 cm i diameter, hun fik opereret
23 lymfeknuder ud samtidig med at hele brystet
blev fjernet. I hendes tilfælde får hun først
fjernet brystet og derefter kemoterapi.

Omvendt rækkefølge for mig.

Jeg snakker med Lene, som fortæller
mig, at efter hver kemoterapi vil jeg få
influenzalignende symptomer. Det er hendes
erfaring.

Tine oplyser mig om et sted i Hørsholm, hvor jeg
kan købe hovedbeklædning til en fornuftig pris.

Nu sidder jeg herhjemme og skiftevis sveder og
fryser. Måske er jeg ved at få den der influenza?

Hvis jeg på noget tidspunkt får 38,5 i feber skal
jeg ringe omgående, så vil jeg blive hentet og
indlagt med det samme.Jeg føler mig tryg. Men
også bange. So far so good!

28. april
Dagen efter min første kemoterapi. Jeg er
spændt og forventer det værste. Men jeg har det
godt. Føler mig overhovedet ikke syg. Det eneste
der svigter, er mit morgentoiletbesøg... hm?

Det svigtede også i går.

Jeg går en dejlig tur langs stranden ned til
byen. Føler mig pludselig ekstrem tør i munden,
drikker af min medbragte vandflaske.

Køber en sport-bh som er det bedste, jeg kan
bære i min situation. Køber et par lækre
sportssko og slutter af med at købe neutrale
øjendråber, noget mod mundtørhed, body-

shampoo og creme uden parfume samt en glidecreme. Så er jeg beredt til udtørrede slimhinder af enhver slags.

I alle forretningerne, fortæller jeg min historie. Ekspedienterne bliver meget bevægede og deler ud af deres egne historier om cancer og sorg.

Det var en meget smuk oplevelse. Vi mødes tilfældigt, kender ikke hinanden, men alligevel deler vi ud af vores inderste smerte. Det kalder jeg sgu terapi på højt plan.

Dagen derpå er en god dag!

29. april
De følgende dage bliver også gode. Min appetit er god. Men min mave er gået i stå. Jeg sover mere en sædvanligt.

Får tjekket forsikringer og skrevet til Banken vedrørende mine pensioner. Måske er der en af dem, der udbetaler et beløb, fordi jeg har fået en kritisk sygdom? Nej – desværre ikke!

Jeg kan mærke at slimhinderne er begyndt at tørre ud. Jeg skiftevis fryser og sveder. Mit ar i armhulen er begyndt at genere mig. Jeg skal i gang med de øvelser, jeg har fået af fysioterapeuten på hospitalet.

1. maj
Rødbededag. Ja – hvorfor ikke? En klon af arbejdernes kampdag og Store Bededag.

Starter dagen med at sige god morgen til mit smukke kronragede hoved i spejlet og takker for endnu en dag i dette vidunderlige liv. Føler efter i kroppen ja – helt ind i sjælen.

Jeg føler mig faktisk okay frisk og ikke spor syg. Spiser med god appetit. Går et par ture i løbet af dagen og får fyldt lungerne med den friske havluft. Vinker til nogle konfirmander der bliver hentet fra kirken i henholdsvis dollargrin, budcykel, jeep...

Jeg nyder foråret og har det godt efter omstændighederne. Senere på dagen får vi besøg. Dejligt.

2. maj
Det er en skøn dag og jeg får flere krammer af gode venner, der kigger forbi. Jeg er lidt udmattet og falder nu og da i søvn på sofaen. Men det er okay.

Jeg har ikke megen appetit. Så jeg nipper kun lidt til den dejlige veltilberedte mad. Men det er okay.

11. maj
I dag er det 14 dage efter første kemoterapi. Til morgen oplever jeg, at pubeshår og hår under armene begynder at forlade min krop. Okay, så slipper jeg da for barbering. Føler efter på mit kronragede hoved, næh, de små sorte hårstrå, er der endnu. Med hensyn til andre bivirkninger så er jeg indtil videre sluppet heldigt. Ru belægning

(svamp) på tandkødet, forstoppelse, udslet der klør, tørhed i mund og øjne, lidt "influenza" symptomer nu og da og træthed.

Det på trods er jeg i topform, holder vægten på 62 kilo, har en god appetit, spiser sundt og drikker to liter vand dagligt, går tur, sover godt og ikke mindst får jeg hele tiden en fantastisk støtte fra familie og venner.

Jeg er meget ydmyg og taknemmelig. Uden verbale og fysiske krammere klarer jeg det ikke.

15. maj
I dag er jeg hos tandlægen. Får lavet tandstatus. Vigtig dokumentation. Såfremt brystkræftbehandlingen skader mine tænder, kan det være nemmere at få godkendt økonomisk hjælp til reparationer.

Mine tænder har det godt og paradentosen er uforandret.

16. maj
Jeg tager en slapper. Skal være hos vores gode venner kl 17:00. Jeg har det godt, men mærker trætheden tynge og tager mig gevaldigt sammen. Dejlig middag, hygge og godt selskab.

Men jeg er træt. Træt. Træt.

Og jeg har ondt i alle muskler. Er det kemoterapien eller bare det irriterende skift i vejret mellem høj- og lavtryk?

17. maj

I dag vågner jeg og ser, at der ligger en masse små sorte hår på mit pudevår. De stammer fra mit kronragede hoved. Så er det nu, det sker. Jeg tager et tørt håndklæde og gnider min hovedbund. Flere små sorte hår afgår ved døden.

Spændende at se hvor længe der går inden, jeg bliver helt skallet? Og hvornår forsvinder øjenbryn og vipper?

Det er tredje uge efter 1. kemoterapi. Jeg føler mig meget heldig mht. bivirkninger. En god venindes erfaring er, at hvis man klarer den første kemoterapi godt, så klarer man også de næste uden de store følgevirkninger.

Den erfaring læner jeg mig op ad. Så humøret er i top.

I morgen skal jeg indgiftes igen for anden gang. Det vil sige. Først skal jeg møde til blodprøvetagning en time før. Hvis det viser sig, at mine røde- og hvide blodlegemer ikke har de rigtige tal, så udsættes behandlingen til tallene er rigtige. Jeg krydser fingre for, at jeg bliver godkendt.

18. maj

Vi, min mand og jeg, tager afsted kl 08:30 til Hillerød, hvor jeg skal have næste kemoterapi-behandling. Først skal jeg have taget en blodprøve. Derefter en samtale med lægen, der skal give tilladelse til at kemoterapibehandlingen gennemføres.

Hun registrerer mine bivirkninger i et skema og deler dem op i grader fra 0 til 4, hvor 4 er værst.

Bivirkninger: Slimhindeirritation i mund og svælg / Diarre / Muskel- og ledsmerter / Nervepåvirkning / Hududslæt / Negleændringer/ Opkastning / Kvalme / Træthed / Væskeophobning / Andet.

Hun konkluderer, at jeg tåler kemoterapien rimeligt. Da jeg ligger i grad 0 og 1. Hun måler knuden i brystet og finder den skrumpet. Og da blodprøven er fin, bliver jeg sendt videre til den stue, hvor jeg skal modtage samme slags kemoterapi som sidst. Jeg skal også have samme dosis – nogen får mindre, hvis det viser sig, at de ikke tåler behandlingen så godt.

Sygeplejersken byder mig velkommen. Placerer mig i lænestolen og varmer mig op (dvs. at jeg får den hånd, der skal drop i, pakket ind i et meget varmt klæde. Så blodåren bliver synlig).

Men jeg har yndlingsblodårer. Lige til at stikke i.

Stativet til drop-poserne placeres i min nærhed. Nu venter vi på, at giften bliver fremstillet på laboratoriet og bragt op på afdelingen.

Og vi venter...

I ventetiden får jeg sludret med Charlotte, hun har opgivet nedkølingen af hårsækkene inden kemoterapien. Det hjalp hende ikke. Hun kunne

alligevel trække håret af i kæmpe totter. Så
hun kom til behandlingen iført sin nye paryk,
halvlangt lyst hår. Rigtigt pænt til hende.

Jeg er blevet en erfaren parykbærer nu. Kan
spotte en paryk på mange meters afstand. Den
skinner for unaturligt. Har hørt at man kan
børste den ind i lidt talkum?

Endelig en time senere kommer der gang i
giften. Den er knaldrød og rinder lige så fint ind
i min krop.

Det er sygeplejerskens ansvar, at alt går rigtigt
til. Så hun sidder og overvåger behandlingen
indtil sidste dråbe.

Går noget galt, kan det gå grueligt galt. Selve
væsken kan ved berøring af hud ødelægge
vævet og lave væskende sår, der ikke vil læges.
Spændende stof at fylde sin krop med?

3. juni
I dag er jeg sammen med 19 andre
brystkræftramte kvinder på Camma-seminar
arrangeret af Brystkirurgisk og Onkologisk
Afdeling Herlev.

Vi er alle på forskellige stadier af sygdommen.
Nogle har stadig deres eget hår andre bærer
kyse lige som jeg. Alle indslag er meget
interessante og i pauserne går snakken livligt
mellem os. Der er to kvinder fra DBO (Dansk
Brystkræft Organisation) som dels fortæller om

organisationen og dels deres egne historier. Det
er meget rørende. Jeg genkender meget.

"Jeg opdager knuden. Fornægter den og mener
at den sikkert er væk i morgen. Hvorfor mig?
Hvad har jeg gjort forkert? Føler mig skyldig.
Kan ikke finde en forklaring. Tror at jeg har
fået en dødsdom. Efter fjernelse af brystet må
jeg lære min nye krop at kende. Det tager tid.
Jeg vælger ikke at få mit bryst genopbygget og
bruger protese".

Hun fortæller videre at flere år efter, får hun
konstateret metastaser (kræft der breder sig) i tre
lymfeknuder ved halsen.

Hun indser, at hun resten af livet skal leve med
kræften og får hver dag kemoterapi i form af
piller. Hun trives med det og har det godt. Men
hun bliver aldrig det samme menneske som før
sygdommen.

Tre ting jeg tager med mig fra dagens seminar:
– At årsagen til brystcancer er udefinerbar (føl
dig ikke skyldig)
– At der ikke er nogen garanti for total
helbredelse (lev dit liv, hver dag)
– At der hele tiden forskes og udvikles (frygt
ikke, kæmp)

Alt i alt en god dag, hvis det ikke lige er fordi,
at bussen på vej hjem fra stationen laver en
katastrofeopbremsning og jeg, der står op, bliver
kastet tværs gennem midtergangen og lander på

ryggen og hører et knæk i lænden. Nu bryder
min verden fuldstændig sammen og jeg tuder
af chok og smerter og tænker, det her sker bare
ikke.

Ikke også en rygskade? Jeg magter det ikke.

Syv uger hvor jeg ikke rigtig kan foretage mig
noget som helst fysisk. Men jeg kan skrive digte,
siger min dejlige veninde. Så det gør jeg.

Kemoterapi – del 2
21. juli
Jeg har næsten ikke fået sovet. Har rendt rundt
på væggene hele natten. Masser af energi, fordi
jeg har indtaget nogle piller, der skal være med
til at forebygge bivirkninger og hjælpe mig
igennem det smertehelvede, som jeg ved denne
type kemoterapi vil skabe for mig.

Men jeg er klar til at modtage første kemoterapi,
som er udvundet af takstræets gift. Taks kaldes
også Yr på oldnordisk og er et lille stedsegrønt
træ eller stor busk. Hele planten – undtagen
frøkappen – er stærkt giftig.

Afsted til Hillerød. Blodprøvetagning.
Lægesamtale.

Mine blodprøver er fine. Tumor bliver
undersøgt. Da det er en diffus tumor, er det
svært at vurdere om, den er blevet mindre

siden sidst. Jeg informeres igen om de fire sidste Docetaxel kemoterapier. Min portion bliver bestilt i laboratoriet og jeg kontakter min sygeplejerske.

Medens min seng bliver rigget til finder jeg Charlotte, siddende på en anden stue. Der står et Dannebrosflag ved hendes plads. Det er hendes sidste kemoterapi og det fejres selvfølgelig! Mangler dog lige et par glas og en festtale. Bare det var mig. Vi sludrer indtil jeg kaldes til køjs.

Jeg får monteret drop. Oplyser navn og personnummer. Får kølesokker på hænder og fødder. Indgiftningen kan begynde. Væsken siver langsomt. Der måles konstant blodtryk og sygeplejersken bliver siddende de første 50 minutter og overvåger min krops reaktioner. Så bliver der skruet op for tempoet. Jeg får skiftet køleposer og anden gang med is er virkelig smertefuld. Håber virkelig at det hjælper. Så neglene ikke falder af.

Indgiftningen afsluttes med en sprøjte i maven, antioxidanter, til gavn for mit immunforsvar.

Efter 1,5 time kan vi tage hjem. Jeg har taget godt imod giften. Dag syv til ni kommer der måske bivirkninger i form af kraftige led- og muskelsmerter.

I første omgang skal jeg klare mig med Panodil. Hvis det ikke virker skal jeg kontakte afdelingen. Min elskede viger ikke fra mig de næste dage, så alt føles trygt.

22. juli
Har det sådan set okay. Maven er utrolig
oppustet. Kinder, hals og bryst er blusset op.
Tumor er urolig og gør lidt ondt derinde i
brystet. Godt!

Efter frokost mærker jeg smerter i knæ og
hofter. Er konstant på vagt. Lytter hele tiden til
kroppens signaler. Det er lidt stressende og jeg er
vist også lidt bange. Men heldigvis kan jeg ringe
til afdelingen døgnet rundt.

Et par timer senere kommer oprøret. Hver en
celle i kroppen er ude på ballade. Så brænder
det det ene sted. Så stikkes der med knive et
andet sted. Hele kroppen sitrer. Hjertet hamrer
derudad. Huden bliver skiftevis rødlig og grå.
Det dunker i tindingerne. Sorte pletter for
øjnene. Det prikker og stikker alle vegne.

Men så kan man jo mærke at man lever og at
kemoterapien virker. Jeg står forsigtigt ud af
sengen og har svært ved at stå på benene. De
nægter faktisk at bære mig. Min mand springer
til.

Vi vurderer situationen, men synes ikke at der er
grund til at gå i panik. Ingen feber. Når der først
er 38,5 i feber, så skal der ringes og så bliver jeg
hentet med det samme og indlagt.

Men indtil videre går det jo godt. Kemoterapien

arbejder på højtryk og det mærkes i den grad i hele systemet.

23. juli
Giften arbejder videre. Et sandt smertehelvede. 60% af alle der bliver indgiftet med Docetaxel får kraftige muskel- og ledsmerter, og videnskaben kan ikke give en forklaring på hvorfor.

Men alt er åbenbart normalt. Og Charlotte siger, at det varer cirka 4-5 dage, så får man det bedre. Jeg har mulighed for at hente morfinpiller på afdelingen, men det vil jeg ikke. 8 stærke Panodiler om dagen må være nok. Men det er det næsten ikke.

Jeg har ingen ro og kan ikke finde hvile. Smerterne kører rundt i hele kroppen, helt ud i hver en afkrog. Jeg har ingen appetit. Men drikker meget vand og the.

24. juli
Ingen ændring. Har sovet en time ad gangen hele natten. Står op kl 05:00. Har kvalme. Går i cirkler. Så godt som jeg nu kan gå. Rundt og rundt i stuen. Tager to Panodiler. Går i seng. Sover sammenhængende syv timer. Får det lidt bedre.

Knap så voldsomme smerter. Spiser en lille smule. Maven er begyndt at svide og brænde. Kan forvente mavekrampe, men det har jeg ikke endnu. Smerterne i kroppen vender tilbage.

Panodiler må der til. Går i seng igen.

Smerte er altid svær at beskrive. Den smerte
jeg har i min krop er sviende, brændende,
stikkende, dunkende, skærende, borende. Og så
skifter den hele tiden position.

Jeg har aldrig oplevet noget lignende og håber
snart det er overstået. Selv mine øjne gør ondt.

Spiser lidt havregrød til aften. Tvinger det ned.
Har ingen sult. Keep on Fighting!

25. juli
Bryllupsdag i dag. 28 år. For et år siden fejrede
vi dagen på en hyggelig italiensk restaurant i
Helsingør.

Det var den gang der var sommeraftener til.
Lovede hinanden, at det skulle vi gøre hvert år
fremefter. I år er der ingen sommeraftener og
intet er længere, som det var. Men vi udsætter
selvfølgelig den gode ide til bedre tider.

Har det lidt bedre i dag. Kun spist Panodiler
to gange. Sovet tre en halv time i eftermiddag.
Spist en lille smule. Jeg tror, at smertehelvede er
overstået for denne gang.

Registrerer fortsat alle kroppens signaler.
Jeg er for eksempel begyndt at få ondt i
tommelfingerneglene og min tunge er sort!

Men det er jo ingenting.

26. juli

En lang uge er ved at afslutte. Jeg har det influenzaagtigt, er meget tung og øm i hele kroppen, total energiforladt. Har sovet det meste af dagen. Men det er okay.

Alt er som det skal være efter en indgiftning af Docetaxel. Nu kan der komme nogle reaktioner på nervebanerne, men det er slet ikke sikkert, at det sker for mig. Eller rettere det tror jeg ikke sker for mig i denne omgang, så burde det være sket på nuværende tidspunkt.

Puh-ha. Madlugt, tobakslugt, parfume mm. Det er ikke rare lugte.

27. juli

Jeg har det meget bedre. Mine forældre kommer til frokost. Jeg kan ikke spise noget. Jeg vejer under 60 kg nu. Det er for lidt, når jeg er 175 cm høj. Vi kører ned i byen og på Apoteket køber jeg Proteindrikke 4 stk. 89,- kr.

Damen fortæller mig, at jeg skal ringe til lægen og bede hende udskrive en grøn recept, den giver 60% på Proteindrikke. Okay, det er jo en helt anden pris.

Da vi er hjemme igen snupper jeg en drik. Jeg mærker straks fornyet energi og får det bedre. Det virker. De influenzaagtige symptomer er forsvundet.

Mund og hals er mærkelig ru, men ingen

symptomer på svamp. Tungen er heller ikke sort mere.

28. juli
Sover godt i nat og vågner kl 05:00. Står op og får spist en skive proteinrugbrød. Går i seng igen og sover til kl 10:00.

Nu er jeg ved at være på toppen, så meget som jeg nu kan være. De næste 14 dage skal bruges til at få kroppen op at køre indtil næste indgiftning den 10. august.

Mine smagsløg er blevet meget sarte. Hvis jeg skal spise noget skal det være fuldstændigt neutralt. Kun tilsat salt. Og så skal det glide nemt ned. Så i aften vil jeg forsøge med kartoffelmos. Yes! Det gled ned. Tre små kartofler + smørklat + salt!

4. august
I dag er jeg på make-up kursus på Herlev. Det vigtigste for mig er at lære at male øjenbryn. Det får jeg lært.

Ellers var det sociale samvær med de andre 13 skallepander det næst vigtigste.

Møder Birgitte som jeg kan genkende fra Onkologisk Afd. Hillerød. Vi fik vores første Docetaxel indgiftning samme dag.

Hun havde efterfølgende så kraftige muskel- og ledsmerter, at hun blev nød til at bede afdelingen om morfin. Det tog smerterne, til gengæld kastede hun op og var svimmel og utilpas en hel uge. Vi mødes igen på mandag til anden indgiftning. Jeg takker skæbnen for, at jeg er stærk og i god form. At jeg har kraft og vilje til at stå imod. Jeg takker skæbnen for, at jeg kender så mange søde mennesker, der giver mig opbakning og støtte. Af hjertet tak.

27. august
Er til tandlægen i dag. Min parodontose har det rigtig, rigtig godt. Tandlægen og jeg mistænker kemoterapien for den gode fremgang.

Snupper et flutes med røget laks hos Adamsen Fisk på havnen. Sidder udendørs og nyder solen, laksen og alle turisterne. Hyggeligt.

Opgiver at gå hele vejen hjem. Mine fødder, ankler og underben er hævede, stive og gør ondt. Jeg må hjem og have Gyldenris the, så vandet i kroppen kan fordrives. Tager bussen. Synes at det er uretfærdigt at det skal koste 15 kr. for to stoppesteder? Nå, men det er godt givet ud.

21. september
Et halvt års kemohelvede ender i dag. Det vil sige, det ender først om 3-5 uger. Så har kroppen næsten restitueret sig selv.

Jeg har en afsluttende samtale med min læge vedrørende kemoterapien. Blodprøven er fin og den sidste gift bestilles.

Der står et Dannebrogsflag ved min seng på stuen. Min mand og jeg smiler til hinanden. Halvanden time. Så er det slut. Jeg bliver puttet og gjort klar til drop.

Sygeplejersken starter indgiftningen, hænder og fødder er pakket ind i is. Efter en halv time finder min onko-veninde Birgitte mig. Hun har en lille gave med. En dåse Body Butter. Herligt. Falder på et tørt sted.

Vi sludrer og tiden går. Den går endnu hurtigere, da min anden onko-veninde Charlotte kommer forbi og starter en fest.

Pludselig er tiden gået og vi kan sendes hjem. Jeg får den afsluttende sprøjte i mavedellen, inden vi bliver sluppet fri.

Hjemme igen. Jeg er faktisk træt. Og så alligevel ikke. Jeg kan ikke sove. I stedet kaster jeg mig over lidt husligt arbejde og nusser lidt rundt. Glad i låget over at jeg ikke skal have mere kemoterapi. For håbentlig aldrig nogensinde mere.

De næste dage vil jeg dykke ned i kemohelvede igen for ottende og sidste gang. Det skal bare overstås. Voldsomme smerter i knogler, muskler og led. Ingen smagsløg. Ingen appetit. Forstoppelse. Begyndende svamp i munden. Irriterede slimhinder. Øjne og næse der løber i vand. Tørhed. Træthed. Ondt i finger- og tåspidser. Ondt i underben og fødder. Vand i kroppen. Kløende udslæt på ryggen. Lav blodprocent. Immunforsvar i bund mm.

Sejt! Jeg har lige været det hele igennem og er kommet nogenlunde ovenpå igen. Om nogle dage er jeg bombet totalt tilbage. Nede i smertehelvede.

Men jeg er klar til sidste omgang. Jeg ved, hvad der venter mig og på torsdag flytter mor ind nogle dage for at hjælpe mig igennem det værste.

På et tidspunkt skal jeg informeres om antihormonel behandling med Letrozol i pilleform. Denne medicin anvendes til at bremse eller forebygge vækst af kræftceller.

Min kræftform er hormonfølsom, hvilket betyder at brystkræften vokser bedst, når det kvindelige kønshormon østrogen er tilstede.

Letrozol hæmmer østrogenproduktionen. Uden tilførsel af østrogen går kræftcellerne til grunde.

Ved denne behandling som jeg skal igennem de næste fem år, er der et hav af nye bivirkninger, så som hedeture, muskel- og ledsmerter, ændret appetit, vægtøgning, humørsvingninger, tørre slimhinder, ændret tarmfunktion mm. Jeg skal starte på denne behandling lige efter operationen.

Operation

11. oktober

Det er et fantastisk smukt efterårsvejr. Vi
går en dejlig tur hånd i hånd ned til mit
yndlingsudsigtspunkt. Vi har kaffe med, som vi
sidder og nyder.

Om aftenen kommer vores søn forbi og ønsker
mig god operation. Da han er gået, laver vi en
lille smuk afskedsceremoni for mit syge bryst.

12. oktober

Vågner allerede kl 03:15. Kan ikke sove mere.
Laver en kamille-the, jeg må drikke indtil kl
05:00. To timer før mødetid.

Kvart i seks er vi på vej til Herlev Brystkirurgisk
Afd., 18. Etage. Vi kommer 20 minutter for
tidligt, men hellere det end at sidde fast i
morgentrafikken.

Jeg får anvist en sengeplads ved vinduet. Får
hospitalstøjet på, tisset af og slugt otte piller med
næsten ingen vand.

Jeg bliver hentet af portøren og min
sygeplejerske går med ned. Så dejligt. Jeg
kommer ind på den kolde operationsstue og får
hilst på hele holdet.

Otte personer i alt.

Narkoselægen lægger drop og spørger mig om
forskellige ting. Blandt andet om hvordan jeg

sidst reagerede på narkosen bagefter. Jeg var sulten, fortæller jeg. Gode tegn, siger hun.

Sygeplejersken holder mig i hånden indtil jeg sover og det gør jeg kl 08:10. Uret er det sidste, jeg ser, så er jeg væk. Og pludselig hører jeg, en sige mit navn. 11:20. Uret er det første jeg ser. Det er overstået og alt er gået godt.

Oppe på stuen sidder min kære mand og venter spændt. Vi snakker lidt og jeg falder stort set i søvn med det samme. Da jeg vågner op igen er det frokosttid og jeg bliver forsynet med jordskokke suppe og tre rugbrødssnitter.

Alt er rigtig velsmagende og jeg spiser rub og stub. Ved to-tiden er det kaffetid. Får en dejlig chokoladekage til. Jeg sender manden hjem. Han kan dårlig hænge sammen.

Mor og far kommer og ser til mig. De er meget glade og lettede over, at jeg har det så godt. De har dejlig kaffe og æblekage med. Det ryger da også lige ned. Hold nu op, hvor jeg spiser godt.

Til aften fortsætter den gode appetit. Jeg får græskarsuppe, boller i karry med perlebyg og æbledessert. Alt rigtig velsmagende. Jeg er stadig den eneste patient på en fire-mandsstue. Luksus.

Har simpelthen min helt egen penthouselejlighed og tv er der også. Jeg ligger og hører min medbragte musik. Eva Cassidy. Hun har fulgt mig fra dag et. Og hendes sange rør mig dybt. Hun døde ganske ung af cancer.

Vores søn kommer og kysser på mig. Han er også ret lettet over, at operationen er overstået. Han flytter min seng, synes at det trækker for meget ved vinduet. Så han møblerer lidt rundt.

Da han er smuttet igen, ser jeg tv, men opgiver og ringer lidt rundt i stedet.

Jeg får tjekket blodtryk og temperatur. Såret og pose med smuds bliver tilset (jeg har fået et dræn indlagt).

Der er utroligt stille på afdelingen. Man har kun haft to brystoperationer i dag mod normalt 8-9 stykker, når det ikke er efterårsferie. Så jeg føler mig heldig. Den anden kvinde, der blev opereret efter mig ligger alene på den anden firemandsstue.

Nattevagten vækker mig for at tilse mit operationssår. Alt ser godt ud. Så jeg sover roligt videre.

13. oktober
Bliver vækket kl 06:50 af en kvinde som flytter ind. Hun har fire familiemedlemmer med. Hedder Tove og er 93 år gammel. Hendes venstre bryst skal fjernes. Brystkræft har åbenbart ingen respekt for alder.

Kl 08:00 kan man hente morgenmad. Inden da får jeg fjernet dræn og drop og min bevægelsesfrihed er mere normal. Sygeplejersken fortæller, at vi skal have en udskrivelsessamtale, når min mand kommer. Fint.

Tove som er blevet kørt ned på operationsgangen kommer pludselig op igen. Hendes operation er blevet udsat, fordi den anden patient har fået en indre blødning, som skal stoppes.

Jeg føler mig heldig. Det er ligesom at vinde i lotteriet, at komme til som den første en mandag morgen. Tak skæbne. Så kan det godt være, at stuen er hundekold lige efter en weekend, men det er okay. Vi får en snak med sygeplejersken om min nye krop, sex, genoptræning, brystproteser og meget mere.

Vi får også valgt den rigtige foreløbige protese lavet af tekstil og pladevat til at lægge i en bh. Og det var manden, som var eksperten.

Tilbage på stuen får jeg målt mine værdier. Hopper i mit eget tøj. Vi pakker og takker alle sygeplejerskerne for deres søde måde at være på.

Hjemme igen ved 12 tiden. Skønt. Sover et par timer efter bad og diverse telefonsamtaler. Jeg føler mig okay frisk, men har selvfølgelig ondt. Nu skal jeg slappe af, rekreere og vænne mig til min nye krop.

Jeg har siddet og studeret udvendige brystproteser i bladet "amoena life" og læst om, hvorfor brystopererede kvinder har fravalgt rekonstruktion. Interessant og helt utroligt som teknologien kan lave brystproteser, så det næsten er umuligt at se, at de er falske.

Nu venter jeg bare på at højre side skal hele op og smerterne forsvinde.

So far – so good!

Genoptræning

15. oktober
Jeg har udført mit øvelsesprogram. Det gjorde ikke spor ondt. Har også været nede og snakke med Fysioterapeuterne, Gilleleje.

Jeg fravælger den kommunale genoptræning til fordel for brug af min sundhedsforsikring.

Kl 17:00 opdager vi, at jeg skvulper. Jeg har fået væskeansamlinger. Irriterende. Jeg ringer og får en tid til en tømning i morgen kl 10:00 på Herlev.

Irriterende! Møg!

16. oktober
Min søde mand fortæller alle i receptionen på Herlev, at jeg skvulper. Den mandlige sygeplejerske henter mig og spørger om jeg vil ha´ en søsygepille?

Ha-ha meget morsomt.

Han dræner mig for 130 ml. Det er ikke så slemt, når det er første gang. Flasken kan indeholde 500 ml. Jeg mærker ingen smerter, mere en lettelse.

Min krop er også fyldt med vand. Jeg har ingen ankler og mine cocktailpølsetæer er blevet til medister. Min mave er pustet op som en ballon. Jeg vejer 6 kilo mere end jeg plejer og vralter afsted som en ko. Jeg kan simpelthen ikke være i min hud. Eller i mit tøj for den sags skyld.

Kl 22:00 tager jeg den første pille i min antihormonbehandling. Spændende, hvilke nye udfordringer den byder på?

2. november
Ved sengetid ser jeg til min forfærdelse at benene er blevet til stolper og fødderne er blevet til store klumper. Den højre klump har fået et blåligt skær. Oh skræk. Hvad sker der nu?

Bekymret går jeg i seng. Hæver benenden lidt, så fødderne ligger højere end hjertet.

3. november
Jeg tager til Onkologisk Afd. Hillerød. Lægen spørger om, jeg har haft åndenød, været stakåndet, vejrtrækningsproblemer eller trykken for brystet. I så tilfælde skal jeg reagere med det samme. Men det har der ikke været noget af.

Docetaxel er langt fra ude af mit system og kan lave masser af ballade endnu. Min prikken i fingre og tæer forsvinder måske aldrig.

Hun tilser mine klumpfødder og giver mig to vanddrivende tabletter.

Det er nogle effektive piller. Render på toilettet sådan hver halve time og vandet fosser ud. Sidst på aftenen ligner mine ben og fødder sådan nogenlunde sig selv. Tak skæbne.

4. november
Jeg har tisset tre kilo. Dejligt. Ringer til Herlev og får en tid i dag til endnu en tømning.

Det er vigtigt, at væsken er væk, inden stråleterapien begynder. Jeg skal tale med stråleterapiafdelingen senere i dag. Spændende hvad de siger?

Jeg leverer 200 ml. Sygeplejersken forklarer, at fordi alle mine lymfeknuder i 1. niveau er fjernet, så skal dem i 2. niveau lige vænne sig til at arbejde dobbelt så meget. Og lige som man tror, at mængden af væske er faldende, så stiger den igen.

Det er helt normalt og jeg kan hverken gøre fra eller til.

Lægen informerer mig om stråleterapien. Først siger hun, at den ikke kan starte før min væske er nede på max. 50 ml. Så fortæller hun om CT-skanning, vejrtrækningsteknik, bivirkninger mm. Og ikke mindst siger hun, at

fordi min tumor var så stor, som den var, bliver
stråleområdet også stort. Hmmm?

9. december
Så nu sker det. Håret pibler frem. Alle steder fra!

I otte måneder har jeg vænnet mig til en
hårløs tilværelse. Det er forbi nu. Hurra!
Velkommen tilbage skægstubbe, kropshår,
kønshår, hår i næsen og ikke mindst på hovedet,
øjenomgivelser og storetæer. I am so happy!

11. december
Jeg godkendes til strålebehandling og det
hele sættes i gang. Hun trykker simpelthen
på stråleknappen. Så nu venter jeg på en
indkaldelse til skanning, lejeopbygning,
åndedrætsøvelser mm.

21. december
Det første massøren siger, da hun ser mit ar
er "Hvad pokker har de gjort ved dig?" alle på
Herlev har sagt til mig, at det ser helt almindeligt
ud?

Jeg ved ingenting. Det eneste jeg ved er, at det
er vildt irriterende, gør ondt og buler op og ned.
Men ingen betændelse, heldigvis!

Efter operationen er jeg blevet tømt for væske 12
gange. Hver gang nålen, der er på størrelse med
et sugerør, har været inde har den forværret mit
arvæv. Så hver bule er sikkert et minde om hver
tømning!

137

23. december

Skal til møde på Stråleterapi Afdelingen Herlev, hvor jeg skal lære vejrtrækningsøvelser og CT-skannes.

Radiografen henter os. Efter den nødvendige information ser hun på mit operationsområde. Jeg fornemmer smerten i hendes øjne, mens hun prøver at strække mine sener, som er blevet alt for korte. Jeg ryster over hele kroppen, bryder sammen. Jeg stortuder. Ved jeg ikke kan gennemføre det.

Gefion hedder min CT-skanner. Og skanningen skal lægerne bruge til at planlægge mit leje for de næste 25 strålebehandlinger, som jeg skal have alle hverdage i træk.

Der er hundekoldt i lokalet. Af med tøjet, beholder bukserne på. Ned og ligge i den stilling der er bedst for mig. Jeg skal ligge mussestille. Radiograferne gør deres job. Afsætter punkter med en pen. Afspejler venstre bryst på højre brystkasse. Modellere arret med en kobbertråd. Ligger drop i venstre arm til at modtage kontrastvæsken. Til sidst får jeg virtuelle briller på som giver et billede af min vejrtrækning. Sygeplejerskerne forlader rummet. I højtalerne bliver jeg spurgt om jeg er klar? Det tror jeg.

Når hun siger "Værsgo" skal jeg tage en dyb indånding og holde vejret i 20 sekunder. Jeg skal bruge brystkassen. Ikke maven. Og jeg skal løfte den orange søjle i min brille op til den grønne firkant øverst oppe i brillefeltet.

Piece of Cake!

Lige pludselig begynder min højre arm at gå i krampe. Jeg begynder at ryste i hele kroppen og stortuder igen, igen.

Missionen er mislykket. Radiografen kommer ind til mig og kan godt forstå, at jeg ikke kan slappe af med så mange smerter. Vi aflyser.

Næste gang skal jeg have taget smertestillende inden jeg møder. Helt ærligt. Hvor svært kan det være? Øv! Nu bliver jeg endnu mere forsinket i behandlingen.

29. december
Pokkers! Min højre side af brystkassen er et panser. Hvordan i alverden skal jeg klare dagens CT-skanning?

Jeg laver øvelserne. Ved morgenkaffen får jeg den ide at lave en remse, der varer 20 sekunder. Den siger jeg i mit hoved, imens jeg holder vejret. Jeg gentager øvelsen hele vejen i toget til Herlev. Det går fint. Det skal nok gå.

Og det gør det. Med en tilkaldt sygeplejerske der øger vold mod min stakkels højre arm og brystkasse, så er jeg klar til at ligge i mit leje og gennemføre skanningen.

7. januar kl 10:30 skal jeg have min første

stråleterapi! Og jeg skal bare have de der stråler, fordi jeg har mødt kvinder, der i sin tid fravalgte dem og så får tilbagefald på et senere tidspunkt. Altså en ny kræftdiagnose! Kræft-æde-mig-nej! Ikke mig!

Mit leje er redt for de næste 25 dage.

Stråleterapi
7. januar 2016
Første stråleterapi går godt. Lige efter bogen. Når der bliver sagt "Værsgo" skal jeg tage en dyb indånding med brystkassen. Holde vejret og den orange søjle i min brille skal toppe i den grønne firkant indtil, der bliver sagt "tak". Lige så snart jeg trækker vejret normalt daler søjlen ned i bunden af brillen på den mørkeblå streg. Gefion ændrer sin position igen og et nyt "Værsgo" lyder. Det gentager sig 8 gange i alt.

Alle ni stråleapparater på Herlev har navne efter Nordisk Mytologi og den jeg er blevet tildelt hedder Gefion.

Gefion er en nordisk gudinde. Hun udpløjede Sjælland fra Sverige og efterlod søen Mälaren.

Første strålebehandling er slut. Mødetiderne for resten af behandlingerne svinger fra kl 08:00 til kl 17:15.

Jeg kan mærke nogle jag i såret og nogle stik

under armen. Jeg har det meget varmt og min pynte-babs er ikke lige så rar at have på som før strålerne.

Jeg skifter til en sports-bh uden hægter. Det føles bedre. Laver strækøvelser med armen. Smører mig med Morgenfrueolie.

Nedtællingen er begyndt. 24 strålebehandlinger tilbage.

11. januar
Inden jeg bliver kaldt ind til Gefion i dag, møder jeg en kvinde i venteboblen. Det er hendes første stråleterapi.

Vi er pot og pande, hader bare de der stråler og vil for alt i verden bare have taget en pille i stedet. Men den findes desværre ikke. Endnu.

Men jeg gør alt for at berolige hende. "Du kan ikke gøre noget forkert!". Det er den sætning, der farer igennem min hjerne, når jeg selv ligger der i mit "leje" og skal styre Gefion gennem behandlingen med min vejrtrækning.

Efter stråleterapien får min arm en ordentlig omgang af en sygeplejerske. Hun masserer mine lymfestrenge, som er særdeles tydelige og som generer gevaldigt efter at alle lymfeknuderne er fjernet.

Hun rykker rundt med huden på min brystkasse for at løsne og adskille underhuden fra det nye væv. Grunden til at min underhud sætter sig fast på mit nye væv, er, fordi jeg er så god til at hele op.

Om et par år vil jeg ikke mærke noget...

22 gange tilbage.

13. januar
Jeg er klar til dagens stråler. Da behandlingen er færdig, dvs. da jeg har fået kommandoen "værsgo" og "tak" otte gange og sendt den orange søjle op i den grønne firkant i min brille og holdt den der i 20 sekunder, så er jeg færdig.

Da jeg skal tage armene ud af bøjlerne går min højre arm amok. Farer rundt og laver spastiske bevægelser i mindst 5 sekunder. Fuldstændig ude af kontrol. Jeg kan ikke styre den!

Sygeplejersken og jeg er målløse. Jeg bliver liggende på mit leje, mens hun masserer mine lymfestrenge og min fastklistrede underhud. Mit skjold. Smerten får mine øjne til at løbe i vand. Hun siger, at mit tilfælde er ekstremt, men at det nok skal blive godt.

Således opmuntret kører jeg med 330R til klinikken i Lyngby for at se på nye bryster.

Jeg bliver modtaget af Eva, som selv har været hele turen igennem for nogle år siden. Hun byder på kaffe og vi går ind i et lille tilstødende lokale, hvor hun præsenterer mig

for de forskellige silikone modeller til en pris á
kr.2600,-.

Jeg medbringer en rekvisition fra kommunen,
der giver mig ret til to proteser. Til sidst falder
jeg for en letvægter på 300 gram. Vi venter
med protese nr. to indtil jeg har overstået min
stråleterapi og området er faldet lidt mere til ro.

Selvom hun ihærdigt prøver at sælge mig en
sports-bh med indbygget lomme, køber jeg den
ikke.

Jeg synes, at protesen ligger ligeså godt i min
egen medbragte sports-bh. Men hun er dygtig.
Inden jeg får set mig om, går jeg derfra med en
undertrøje til 420,- kr. med indbygget lomme!

29. januar
Mødetid på to forskellige hospitaler i dag – først
Hillerød, så Herlev.

Min samtale hos min læge på Hillerød forløber
godt. Hun interviewer mig om tilstanden på
negle, slimhinder, muskelsmerter, diarre,
kvalme, træthed, hedeture, vand i kroppen mm.

Det eneste der generer mig er mine evigt
snurrende tæer og fingre, smerter i anklerne,
min træthed, udmattelse, lymfestrenge der
krymper i min arm, min hudløshed ved
armhulen, mit irriterede bulende ar og
hud der klæber sammen med vævet, mine
humørsvingninger og trang til tårer.

Men som hun siger mellem linjerne, er det jo ingenting i forhold til det at dø af brystkræften. Det må jeg jo give hende ret i. Ting tager tid og det kræver cirka et års rekreation for at være på toppen igen både fysisk og mentalt.

Hun undersøger min stakkels medtaget overkrop og finder ikke noget unormalt. Hun tror ikke, at alle mine buler forsvinder, men det ved man først om et års tid og så besluttes der, hvad der så skal ske.

Videre til Herlev. Det er min 17. dans med Gefion, og som jeg siger til sygeplejersken, den bedste indtil dato. Jeg slapper bedre af og mine lymfestrenge spiller som en drøm. Og nu er det weekend. 8 gange tilbage.

3. februar
Huden er godt stegt. Enkelte steder er der simpelthen hul. Jeg masserer og masserer min stakkels brystkasse og arm. Laver øvelser. Arret svier, stikker og prikker og jeg smører og smører med Morgenfrueolie. Det er hårdt, men det skal nok gå…

I morgen skal jeg danse med Gefion kl 08:00, så vi skal tidligt op og afsted.

5 gange tilbage. Keep on Fighting!

7. februar
Jeg orker ikke mere. Min hud hænger i laser. Mit ar er irriteret. Og jeg er træt, træt, træt.

Hvis min mand var min læge, ville han sige stop nu. Jeg kan sige stop, anytime. Men jeg har skrevet under på, at jeg vil modtage den anbefalede behandling. Hvis jeg stopper nu, er det på eget ansvar.

Statistikken viser, at der skal 25 stråle-behandlinger til for at mindske risiko for spredning i et tilfælde som mit.

Så jeg har ikke noget valg. Den pokkers cancer skal bare brændes fuldstændig ud af min krop. Basta!

Jeg har viklet et håndklæde om skulderen og ned under armen. Det er det eneste jeg kan holde ud at have på. Det bløder også fra selve arret nu.

Jeg har lige vasket det hele rent i bodyshampoo. Har også taget smertestillende piller. Nu sidder jeg under dynen i min seng med min hjertepude under armen, det går okay.

"Hjertepuden er en gave som man tilbyder de kvinder, der har fået fjernet brystet. Når puden placeres i armhulen, modvirker den smerter fra operationssåret og senere smerter fra arm og skulder, fordi den letter spændingerne efter operationen. Samtidig kan den bruges under sikkerhedsselen. Puden giver både fysisk og psykisk støtte, ved at give patienten noget at holde fast i og et symbol på solidaritet/empati". Citat fra www.heartpillow.dk

8. februar

Jeg beder de søde sygeplejersker om at give mig en faglig vurdering. Kan min stakkels krop klare flere danse med Gefion? De undersøger mig.

Det vil være til mere skade end gavn for mig at stoppe nu og desuden ser det meget "normalt" ud!

Ja, så må jeg jo bare bide tænderne sammen og tag endnu en svingom...

Efter dansen overrasker en af sygeplejerskerne mig med at tilbyde at massere mine lymfestrenge i armen. Hun har fået et grundkursus, for som hun siger, det kan ikke være rigtigt, at hun ikke selv kan hjælpe de stakkels patienter, der har denne lidelse.

Jeg bliver helt rørt og takker stort. Hun slutter med at dække mine defekter med plaster og sætter til sidst en bandage der måler 25x25 cm hen over brystkassen.

Jeg har bedt om et møde med en læge fra Brystkirurgisk og kommer ind til en mand. Faktisk den første mandlige læge, jeg har mødt i denne mamma verden. Han undersøger mig og svarer på alle mine spørgsmål.

Kontrol på Onkologisk Afdeling Hillerød i fem år. De næste 14 dage skal jeg tage det roligt og pleje min hud og eftervirkningen af strålerne. Jeg må kun brusebade og kun

indtage almindelige vitaminpiller ikke andre
kosttilskud. I september skal jeg til møde
på Herlev og have en vurdering af mit ar og
operationsområde, så finder vi ud af om, der er
brug for plastikkirurgi mm.

Mine lymfestrenge kan også opereres, hvis
nødvendigt. Jeg kan til enhver tid få lavet en
rekonstruktion af brystet, hvis jeg vil og jeg kan
også få løftet og reduceret venstre bryst. Jeg skal
nok blive pæn igen. Således opløftet kører vi
hjem. Og der er kun 2 gange tilbage!

10. februar
Vi kører gennem landet i regn, sne og slud. Et
rigtigt møgvejr. Trafikken er da også nærmest
gået i stå på Hillerødmotorvejen. Vi bliver
indhentet af tiden, lige pludselig er vi ikke i så
god tid, som vi troede. Men efter halvanden
times kamp, kan vi se silhuetten af Herlev
Hospital derude til højre for motorvejen.

Kl 09:00 præcis bliver jeg inviteret ind til
Gefion. Sygeplejersken ser på mit sår under
armen, kun en forbinding kan hjælpe mig, siger
hun, men det er et dumt sted. Ja, mon ikke! Og
det gør ondt. Jeg tager tøjet af og stiger op på
mit leje for sidste gang. Brillen virker ikke. Hun
skaffer hurtigt en ny.

De to sygeplejersker justerer min position ind
efter mine fire tatoveringer. For sidste gang.
Jeg siger mit fulde navn og personnummer. For
sidste gang. De forlader lokalet. Jeg er alene med

Gefion. For sidste gang.

Værsgo! Jeg sender den orange søjle i min brille op i det grønne felt. Gefion flytter sig rundt to gange for at tage billeder af min krop, som skal være identiske med de to billeder, der blev taget allerførste gang. Tak.

Alt er klar. Nu kan den rigtige dans begynde.

Gefion danser i alt seks gange rundt om min krop og seks gange sender jeg den orange søjle op i det grønne felt i min brille og holder den der i 20 sekunder. For sidste gang.

Gefion og jeg har danset vores allersidste dans.

Jeg overrækker min kontaktsygeplejerske en stor æske "Merci" som tak for Gefion Teamets gode behandling. Jeg har også købt en æske til Brystkirurgisk på 18. sal, som vi afleverer, inden vi skynder os ud i det fri.

Da vi er vel hjemme igen bryder helvede løs. Jeg ved ikke, hvor jeg skal gøre af mig selv. Det svier, brænder, stikker og væsker i min armhule og ar.

Det eneste der holder mig oppe er, at det er en festdag!

Jeg græder af smerte, lettelse og afmagt. Jeg beder min kære mand tage nogle billeder af mig. Han nægter, men gør det alligevel med lukkede øjne.

Ih guder, det er fotos direkte fra rædsels-
kabinettet! Ligner en brændt mørbrad, klasket
på min stakkels krop.

Så, nu er det nu, at jeg skal sætte al energi,
stædighed og selvkontrol ind for at komme
videre. Jeg har vundet mit livs kamp! Vundet
over cancer. Og det skal nok blive godt. Nu kan
det da kun gå fremad!

En ny og sjovere dans kan begynde.

10. februar (nat)
Jeg har sovet fra klokken 16:30 til 21:30, så det
er ikke nemt at falde i søvn igen selvom, jeg er
dødtræt.

Jeg har lige renset mit sårområde med lunkent
vand og sat forbindingen på igen. Jeg vaskede
mig med t-shirt på!

Kylling! Kan ikke holde ud at se virkeligheden
i øjnene. Det bløder fra tre defekter og fra selve
arret. Jeg har iført mig en kropsnær t-shirt til at
holde på forbindingen. Hold nu op! Det er ikke
nemt det her. Nu går jeg i seng igen og håber, at
det er bedre i morgen.

Jeg har aflyst min tid hos fysioterapien. Min
krop og hud skal lige have fred og ro et par dage.

11. februar
Skønt ikke at have nogen aftaler i dag. Min kære
mand har taget en ekstra fridag for at nusse om

mig. Det værdsætter jeg højt. Efter badet smutter jeg i seng igen. Smerterne er ikke blevet mindre og det bløder stadigvæk fra de forskellige steder.

Det er også begyndt at klø på ryggen, hvor strålerne er gået igennem kroppen. Jeg bliver smurt med hormonsalve.

Solen er kommet frem og fuglene kvidrer på fuld hals. Vinduet står åbent. Og luften dufter lidt af hav og forår. Jeg putter mig under dynen med venstre hånd på mit sårområde. Laver forsigtigt nogle arvævsøvelser.

15. februar
Jeg er ved at løbe tør for de dyrebare bandager, som Apoteket har oplyst koster 1850 kr. for fire stykker, som kan deles til otte.

Det er jo det rene galimatias! 1850 kroner?

Heldigvis kommer en af mine venner på den geniale ide, om det er muligt at vaske den dyrebare forbinding? Den er jo lavet af skum og silikone. Så det har jeg testet og lige i dette øjeblik sidder jeg med en nyvasket forbinding, som er fri for størknet blod og materie.

Nu er jeg spændt på, hvor mange gange forbindingen kan vaskes? Det må komme an på en prøve. Der er ingen tvivl om, at forbindingen er uundværlig for mig. Jeg kan slet ikke holde ud at have tekstil direkte mod min forbrændte hud, ar og sår, der væsker.

Tiden læger alle sår, siger man, så jeg væbner mig med tålmodighed.

17. februar

Jeg tager en dag i sengen. Smerten er også begyndt at komme indefra. Jeg er træt. Træt. Smører et kæmpe lag fugtighedscreme på området, fugter en engangsvaskeklud og ligger den ovenpå. Det føles godt.

Jeg gentager øvelsen flere gange i løbet af dagen. Faktisk hver gang vaskekluden tørrer op. Hen mod aften er der lidt mere ro på området. Synes ikke, at det væsker så meget mere. Hm, har jeg opfundet et alternativ til den kostbare brandsårsforbinding?

Nød lærer nøgen kvinde at spinde, siger man!

Udskrivelse
24. februar

I dag rejser jeg til Herlev for at få kontrolleret min hud. Uh, sygeplejersken er ikke glad for det, hun ser. Hun tilkalder en kollega. Hun er heller ikke glad for det, hun ser.

Derefter tilkaldes en læge, der ikke tør sende mig hjem uden en recept på penicillin og en podning. Hun mener helt bestemt, at der er infektion i arret. Der er dog ikke tale om tredje grads forbrænding. Det ser meget almindeligt ud det hele. Bortset fra det der er snasket.

Men de kan ikke udskrive mig. Så nu skal jeg på 10 dages penicillinkur. Jeg får nye kostbare bandager med hjem og en tid til ny kontrol. Jeg må ikke smøre med creme, olier mm. Kun vaske med lunkent vand og brusebade.

De følgende dage føler jeg langsomt mere energi. Det er bare så dejligt. Laver øvelser. Er begyndt at cykle igen. Passer mine behandlinger i Fysioterapien og har sågar lavet mad!

Mit hår er mindst 2 cm ude nu, øjenbryn og vipper er synlige, men min dyre brystprotese ligger pænt i kassen og venter på at arret arter sig.

4. marts
Det har været en rigtig god uge. Penicillinen har virket og infektionen i operationsområdet er nedkæmpet. Jeg får mere og mere energi. Er begyndt at interessere mig for mit udseende.

Sætter mit hår, lægger make-up og køber nyt tøj, hvor har jeg savnet det! Har endda købt et nyt sæt blonde undertøj! Meget sexet – også kun med et bryst.

Vi er lige kommet hjem fra hudkontrol på Herlev. Jeg blev godkendt og min behandling er nu afsluttet. Efterfølgende skal jeg til kontrol på Hillerød de næste fem år.

Jeg er godkendt, færdigbehandlet, udskrevet. Fatter det næsten ikke. Mærker en lille tåre i øjenkrogen. En glædeståre. Sejrståre. Følelsen er ubeskrivelig. Næsten et års cancerhelvede er slut.

Jeg er fri. Parat til at få et liv.

Jeg smiler stolt til hende kvinden i spejlet, der lige så stolt smiler tilbage til mig. Vi sejrede.

Sammen vandt vi over kræften.

Brystkræften.

OVERSIGT OVER BEHANDLINGSFORLØB
7. april 2015 – 4. marts 2016

Opdagelse

7. april 2015: Højre bryst føles hård som sten.
9. april: Lægen trykker på knappen til akutpakken.
12. april: Privat Hospitalet Hamlet overtager de indledende undersøgelser pga. manglende kapacitet på Herlev.
12. – 20. april: Venteperiode
20. april: Brystkirurgisk Afd. Herlev Hospital. Mammografi, røntgen og vævsprøver viser en stor, hård tumor i højre bryst, 10 cm, centralt placeret.
22. april: Forundersøgelsesoperation for skildvagtlymfeknuder i højre armhule. Udskrives samme dag.
23. april: PET-skanning.

Kemoterapi – del 1

23. april: Informationsmøde på Onkologisk Afd. Hillerød. Mødetid 1 time før behandling til blodprøvetagning.
27. april – 29. juni: Onkologisk Afd. Hillerød. I alt fire kemoterapi behandlinger med Epirubicin og Cyclofosfamid (EC).
27. april: Resultatet af PET-skanning. Kræften har ikke spredt sig til andre dele af kroppen.
27. april: Resultatet af forundersøgelsesoperation. Kræft i første og anden skildvagtlymfeknude.

Kemoterapi – del 2

21. juli – 21. september: Onkologisk Afd. Hillerød. I alt fire kemoterapibehandlinger med Docetaxel.

154

11. september: Klinisk mammografi viser, at tumor er mindsket til ønsket størrelse. Der indstilles til operation.

17. september: Operationsplanlægning, Brystkirurgisk Afd. Herlev. Der findes indikation for højresidig mastektomi med højresidig aksiltømning.

Operation

12. oktober: Indlægges på Herlev Hospital til operation. Bryst og lymfeknuder i 1. niveau fjernes. Udskrives dagen efter.

16. oktober – 18. november: Væskeansamlinger i operationsområdet. 12 tømninger på Herlev Hospital.

16. oktober: Antiøstrogenbehandling starter. Letrozol Accord 2,5 mg i pilleform.

Genoptræning

24. november: Fysioterapeuterne, Gilleleje. Første behandling.

Stråleterapi

30. december: CT-skanning, Herlev. Leje til stråleterapibehandlingen formes.

7. januar 2016: Modtagelsessamtale, Herlev samt første stråleterapibehandling ud af 25.

10. februar: Sidste stråleterapibehandling

24. februar: Hudkontrol, Herlev. Infektion i operationsområde. 10 dages penicillinkur ordineres. Ny hudkontrol bestilles.

Udskrivelse

04. marts: Hudkontrol, Herlev. Godkendes til udskrivelse. Kontrolbesøg på Hillerød de næste 5 år.

Efterord

Det har været et langt sejt år i tumors favn.
Min mand og jeg kunne ikke have gennemført
kampen uden den fantastiske støtte, vi har
fået af familie, venner og bekendte ja, selv
mennesker vi ikke kender.

Tak for al jeres kærlighed, tro, håb og god energi.
For ikke at tale om alle de forkælelser jeg og min
mand har modtaget! Det er fantastisk!

Denne bog er tilegnet min dejlige familie og
vores venner, men først og fremmest min kære
elskede mand, fordi du stod ved min side under
hele forløbet og aldrig lod mig være alene og til
vores elskede søn, fordi du trådte til hver gang,
vi havde brug for dig.

Også stor tak til lægehuset i Gilleleje, personalet
på Hamlet, Herlev og Hillerød Hospital for
jeres søde måde at være på. Jeg føler mig godt
behandlet og velinformeret hele vejen gennem
behandlingsforløbet.

Stor tak til Fysioterapeuterne i Gilleleje. Til
foreninger og organisationer, der har til formål
at støtte og informere om cancer. En særlig tak
til Kræftens Bekæmpelse/Støt Brysterne og DBO
(Dansk Brystkræft Organisation).

Connie Else Jønsson, Gilleleje, September 2016.